基金从业人员资格考试

真题题库与押题试卷

证券投资基金基础知识

基金从业人员资格考试命题研究中心　编著

主　编：刘晓磊
编　委：（排名不分先后）
　　　王　静　　　王星明　　　吕秀华
　　　方　林　　　张玉珍　　　张　迪
　　　刘晓磊　　　金玉健　　　王丹婷
　　　李夏林　　　赵　敏　　　黄艳宁

责　编：董凤利
编写组：（排名不分先后）
　　　陈　亚　　　周玉芹　　　张莎莎
　　　费婷婷　　　胡　军　　　刘云兰

中国财富出版社

图书在版编目（CIP）数据

证券投资基金基础知识/基金从业人员资格考试命题研究中心编著.—北京：中国财富出版社，2018.6（2021.1 重印）
（基金从业人员资格考试真题题库与押题试卷）
ISBN 978-7-5047-6675-5

Ⅰ.①证… Ⅱ.①基… Ⅲ.①证券投资-投资基金-资格考试-题解 Ⅳ.①F830.91-44

中国版本图书馆 CIP 数据核字（2018）第 134886 号

策划编辑	李彩琴	责任编辑	戴海林　杨白雪		
责任印制	尚立业	责任校对	杨小静	责任发行	杨　江

出版发行	中国财富出版社		
社　　址	北京市丰台区南四环西路 188 号 5 区 20 楼	邮政编码	100070
电　　话	010-52227588 转 2098（发行部）	010-52227588 转 321（总编室）	
	010-52227588 转 100（读者服务部）	010-52227588 转 305（质检部）	
网　　址	http://www.cfpress.com.cn		
经　　销	新华书店		
印　　刷	三河市德利印刷有限公司		
书　　号	ISBN 978-7-5047-6675-5/F·2905		
开　　本	787mm×1092mm　1/8	版　次	2018 年 7 月第 1 版
印　　张	7	印　次	2021 年 1 月第 3 次印刷
字　　数	228 千字	定　价	28.00 元

版权所有·侵权必究·印装差错·负责调换

前言

2020年9月，中国证券投资基金业协会发出通知，为进一步完善基金从业资格考试知识框架体系，中国证券投资基金业协会对科目一《基金法律法规、职业道德与业务规范考试大纲》、科目二《证券投资基金基础知识考试大纲》和科目三《股权投资基金（含创业投资基金）基础知识考试大纲》进行了修订，并自2020年11月份基金从业资格考试全国统考开始，中国证券投资基金业协会将使用新版考试大纲内容组织考试。

为了适应这一新变化、新要求，更好地帮助广大考生顺利通过基金从业人员资格考试，我们组织国内优秀的基金金融领域名师及专家，精心分析新大纲及新题库真题，编写了本书。真题是最能反映命题思路的复习资料，具有较高的练习价值。基于此，本书定位于真题题库，为考生提供了6套真题试卷（书中6套，软件中6套）、2套押题试卷（书中2套，软件中2套）和2套模拟试卷（全部在软件中）。考生在备考时运用本书及配套软件，认真练习并吃透答案解析，定能熟练掌握常考考点，有效缩短备考时间，提高复习效率。

本书配套智能题库软件特色

随书赠送的智能题库采用高科技数据挖掘与追踪技术，有效记录考生做题数据，考生在备考中充分利用智能题库能达到更好的复习效果。智能题库具有以下特色：

1. 功能实用，满足不同的学习需求

智能题库中包含大量考试真题、模拟题、押题。同时，为考生提供了多样化的练习方式，包括章节练习、考点速记、真题必练、模拟押题、错题训练等功能。考生充分利用智能题库，能够有效巩固考生所学知识，并通过记录做题数据，方便考生查漏补缺、攻克薄弱知识点（这是纸质练习无法实现的）。

2. 配套视频课程，名师导学效率更高

智能题库中包含【视频课程】模块，进入即可查看本科目配套视频内容。在视频课程中，老师详细讲解了知识点内容，并给出了好的学习方法。考生跟着老师学，能够更轻松、快速地掌握知识点内容。

3. 兼容性强，适合手机、电脑、平板学习

智能题库包含微信版和网页版两种，考生可以在不同的学习环境下使用，充分利用学习时间。智能题库微信版和网页版数据同步，能有效记录考生的做题和学习进度。智能题库激活方式参见本书封底。

尽管研究中心成员精益求精，但书中难免存在不足和错漏之处，敬请广大读者批评指正。联系邮箱 weilaijiaoyucaijing@foxmail.com。

祝所有应考人员考试成功！

基金从业人员资格考试命题研究中心

目录

第一部分　真题题库

《证券投资基金基础知识》真题试卷（一） …………………………（共10页）
《证券投资基金基础知识》真题试卷（二） …………………………（共12页）
《证券投资基金基础知识》真题试卷（三） …………………………（共10页）
《证券投资基金基础知识》真题试卷（四） …………………………（共10页）
《证券投资基金基础知识》真题试卷（五） …………………………（共8页）
《证券投资基金基础知识》真题试卷（六） …………………………（共10页）

第二部分　押题试卷

《证券投资基金基础知识》押题试卷（一） …………………………（共10页）
《证券投资基金基础知识》押题试卷（二） …………………………（共10页）
《证券投资基金基础知识》模拟试卷（一）～（二） ………………（见软件）

第三部分　参考答案及解析

《证券投资基金基础知识》真题试卷（一）参考答案及解析 ………（第1页）
《证券投资基金基础知识》真题试卷（二）参考答案及解析 ………（第4页）
《证券投资基金基础知识》真题试卷（三）参考答案及解析 ………（第7页）
《证券投资基金基础知识》真题试卷（四）参考答案及解析 ………（第10页）
《证券投资基金基础知识》真题试卷（五）参考答案及解析 ………（第13页）
《证券投资基金基础知识》真题试卷（六）参考答案及解析 ………（第16页）
《证券投资基金基础知识》押题试卷（一）参考答案及解析 ………（第21页）
《证券投资基金基础知识》押题试卷（二）参考答案及解析 ………（第25页）
《证券投资基金基础知识》模拟试卷（一）～（二）参考答案及解析 ……（见软件）

第一部分 真题题库

《证券投资基金基础知识》真题试卷(一)

本试卷采用虚拟答题卡技术

考生扫描右侧二维码,可将答题选项填入虚拟答题卡中,题库系统自动整理错题,并生成完整的答案及解析。

(注:首次扫码后需先关注"未来金融网校"公众号)

(考试题型均为单项选择题,共100小题,每小题1分,共100分)

1. 假设业务发生前速动比率为1.5,当企业用现金偿还应付账款若干后,将会导致流动比率( ),速动比率( )。
   A. 下降;下降 B. 提高;不变 C. 不变;提高 D. 提高;提高

2. A公司在连续2年的每一年年初存入银行1万元,银行的年利率为5%,按单利计息,那么A公司在第2年年底大致可以一次性从银行账户上取出( )万元。
   A. 2.30 B. 2.10 C. 2.20 D. 2.15

3. 关于存托凭证,以下表述中错误的是( )。
   A. 存托凭证可以帮助投资者规避跨国投资的风险
   B. 存托凭证可以扩大市场容量,增强发行人的筹资能力
   C. 目前中国投资者还不能投资于境外市场的存托凭证
   D. 存托凭证是指在一国证券市场上流通的代表外国公司有价证券的可转让凭证

4. 某上市公司普通股总股本8000万股,A股权基金有其股份1000万股。2017年,该上市公司发行优先股2000万股,A基金认购了其中500万股,优先股发行完成后,A基金在该上市公司股东大会上投票权的比例为( )。
   A. 18.75% B. 12.5% C. 15% D. 10%

5. 以下选项中,表述正确的是( )。
   A. 企业破产时,股权持有者优先于债权人获得企业资产的清偿
   B. 企业盈利时,债权人劣于股权持有者获得企业利润的分配
   C. 企业破产时,债权人优先于股权持有者获得企业资产的清偿
   D. 企业盈利时,债权人只能按约定比例参与企业利润的分配

6. 关于战略资产配置,以下理解错误的是( )。
   A. 是一种事前的规划和安排
   B. 需考虑投资者的风险承受能力
   C. 需经常根据资产的短期波动进行动态调整
   D. 确定的是资产组合中各主要大类资产的投资比例

7. 关于股票基金的风险暴露分析,下列说法错误的是( )。
   A. 通过对基金持仓市值的分析,可以看出基金对大盘股、中盘股和小盘股的投资风险暴露情况
   B. 如果股票基金的平均市盈率、平均市净率小于市场指数的市盈率和市净率,可以认为该股票基金属于价值型基金
   C. 周转率高的基金,所付出的交易佣金和印花税也较高,基金业绩不如周转率低的基金
   D. 低周转率的基金倾向于对股票的长期持有

8. 以下不属于基金业绩评价需要考虑的因素是( )。
   A. 基金的管理费用 B. 风险和收益 C. 时间区间 D. 基金管理规模

9. 债券远期交易最长不能超过( )天。
   A. 270 B. 365 C. 180 D. 90

10. 以下从基金财产计提的费用是( )。
    Ⅰ.客户维护费 Ⅱ.销售服务费 Ⅲ.基金管理费 Ⅳ.基金托管费
    A. Ⅰ、Ⅱ、Ⅲ B. Ⅰ、Ⅲ、Ⅳ C. Ⅰ、Ⅱ、Ⅲ、Ⅳ D. Ⅱ、Ⅲ、Ⅳ

11. 关于被动投资指数复制和调整说法,错误的是( )。
    A. 指数复制可以采用完全复制、抽样复制和优化复制等方法
    B. 完全复制、抽样复制和优化复制指数方法所需要的样本股票数量依次递增,跟踪误差依次递减
    C. 根据抽样方法的不同,抽样复制可以分为市值优先、分层抽样等方法
    D. 被动投资复制指数会产生复制成本

12. 投资者使用股权收益互换的目的包括( )。
    Ⅰ.策略投资 Ⅱ.杠杆交易 Ⅲ.股权融资
    Ⅳ.市值管理 Ⅴ.创建结构产品
    A. Ⅰ、Ⅱ、Ⅲ B. Ⅰ、Ⅱ、Ⅲ、Ⅳ C. Ⅰ、Ⅱ、Ⅲ、Ⅳ、Ⅴ D. Ⅰ、Ⅱ、Ⅲ、Ⅴ

13. 以下关于相关系数ρ的说法中正确的是( )。
    A. ρ的取值范围为$[-1,+1]$ B. $|\rho|$越接近0,两变量线性关系越强
    C. $|\rho|$越接近1,两变量线性关系越弱 D. 当$|\rho|=1$时,两变量为不完全线性相关

14. 每一计息期的利息额相等的利息计算方法为( )。
    A. 单利 B. 复利
    C. 可能单利也可能复利 D. 有时单利有时复利

15. 关于债券组合构建,以下说法错误的是( )。
    A. 债券组合构建需要选择个券
    B. 债券组合构建需要决定不同信用等级、行业类别上的配置比例
    C. 债券组合构建不需要考虑杠杆率
    D. 债券组合构建需要考虑市场风险和信用风险

16. 中国场内股票交易的买卖双方支付的过户费属于( )的收入。
    A. 中国结算公司 B. 证券经纪商 C. 证券交易所 D. 证券监督管理机构

17. 通过对( )和( )的比较分析,可以了解投资者对基金的认可程度。
    A. 基金份额变动情况;持有人结构 B. 基金分红能力;持有人结构
    C. 基金盈利能力;持有人结构 D. 基金份额变动情况;基金盈利能力

18. 目前,中国托管资产的场内资金结算主要采用两种模式,包括( )和( )。
    A. 托管人结算模式;券商结算模式 B. 共同对手方计算模式;逐笔清算模式
    C. 货银对付模式;交差交收模式 D. 净额交收模式;全额交收模式

19. 目前银行债券市场债券结算主要采用( )的方式。
    A. 见款付券 B. 纯券过户 C. 券对付 D. 见券付款

20. 使得远期合约的当前价值为零的价格为( ),远期合约在交易中形成的实际价格为( )。二者的关系是( )。
    A. 远期价格;交割价格;相等 B. 交割价格;远期价格;不一定相等
    C. 交割价格;远期价格;相等 D. 远期价格;交割价格;不一定相等

21. 以下关于另类投资基金的说法，正确的是(　　)。
    A. 国内黄金QDII可以直接投资于海外的黄金期货或黄金现货
    B. 国内黄金ETF主要投资于实物黄金
    C. 国内QDII、REITS产品都是投资于海外的REITS
    D. 国内商品QDII只能投资于石油

22. 下面哪一类投资者属于QFII投资者(　　)。
    A. 被中国相关部门制度安排所允许的符合条件的境外职业投资者
    B. 被中国相关部门制度安排所允许的符合条件的境内职业投资者
    C. 被中国相关部门制度安排所允许的符合条件的境内机构投资者
    D. 被中国相关部门制度安排所允许的符合条件的境外机构投资者

23. 关于资本市场线，以下说法错误的是(　　)。
    A. 有效投资组合都可看作是市场投资组合和无风险资产的再组合
    B. 市场投资组合的确定需考虑投资者的风险偏好
    C. 资本市场线描述有效投资组合风险与预期收益率之间的关系
    D. 市场投资组合是有效前沿上唯一一个不含无风险资产的投资组合

24. 关于基金公司投资交易流程，以下表述错误是(　　)。
    A. 基金投资交易过程中的风险主要体现在市场风险与操作风险
    B. 基金公司投资交易包括形成投资策略，构建投资组合，执行交易命令，绩效评估与组合调整，风险控制等环节
    C. 交易员接收到指令后有权根据自身对市场的判断选择合适时机完成交易
    D. 交易系统或相关负责人审核投资指令(价格，数量)的合法合规性，违规指令将被拦截

25. 下列说法中错误的是(　　)。
    A. 远期、期货和大部分合约有时被称作远期承诺
    B. 期权合约和远期合约以及期货合约的不同在于其损益的不对称性
    C. 信用违约互换合约使买方可以对卖方行使某种权利
    D. 期权合约和利率互换合约被称为单边合约

26. 下列关于到期收益率影响因素的说法，错误的是(　　)。
    A. 在其他因素相同的情况下，债券市场价格与到期收益率呈反方向增减
    B. 在其他因素相同的情况下，固定利率债券比零息债券的到期收益率要低
    C. 在其他因素相同的情况下，票面利率与债券到期收益率呈同方向增减
    D. 在市场利率波动的情况下，再投资收益率可能不会维持不变，会影响投资者实际的持有期收益率

27. 在有异常值的情况下，中位数和均值哪个评价结果更合理和贴近实际？(　　)
    A. 均值　　　　　　　　　　　B. 不确定
    C. 中位数和均值无区别　　　　D. 中位数

28. 投资政策说明书的内容不包括(　　)。
    A. 确定收益　　B. 业绩比较基准　　C. 投资目标　　D. 投资指导方针

29. 以下关于回转交易的说法错误的是(　　)。
    A. 权证交易当日不能进行回转交易
    B. 专项资产管理计划收益权份额协议交易实行当日回转交易
    C. B股实行次日起回转交易
    D. 债券竞价交易实行当日回转交易

30. 关于远期合约，以下表述错误的是(　　)。
    A. 远期合约是一种最简单的衍生品合约
    B. 远期合约流动性通常较差
    C. 远期合约是一种标准化合约
    D. 远期合约不能形成统一的市场价格，与期货合约相比，市场效率偏低

31. 下列关于做市商的表述，不正确的是(　　)。
    A. 报价驱动中，最为重要的角色就是做市商，因此报价驱动市场也被称为做市商制度
    B. 做市商的利润来源于买卖差价，如果证券差价小但交易频繁，做市商无法赚取利润
    C. 做市商通常由具备一定实力和信誉的证券投资法人承担，本身拥有大量可交易证券，买卖双方均直接与做市商交易，而买卖价格则由做市商报出
    D. 当接到投资者卖出某种证券的报价时，做市商以自有资金买入；当接到投资者购买某种证券的报价时，做市商用其自有证券卖出

32. 投资风险的主要因素不包括(　　)。
    A. 在规定时间和价格范围内买卖证券的难度　　B. 借款方还债的能力和意愿
    C. 内部欺诈　　　　　　　　　　　　　　　　D. 市场价格变化

33. 给定无风险利率5%，关于投资组合A和B的单位风险收益，下列表述正确的是(　　)。
    A投资组合：平均收益率=15%；标准差=0.4；β系数=0.58。
    B投资组合：平均收益率=11%；标准差=0.2；β系数=0.41。
    A. 按照特雷诺比率作为标准比较，B投资组合业绩表现更优秀
    B. 按照β系数作为标准比较，A投资组合业绩表现更优秀
    C. 按照夏普比率作为标准比较，B投资组合业绩表现更优秀
    D. A和B投资组合业绩表现不相上下

34. 根据国家外汇管理局对合格境内机构投资者(QDII)的现行管理规定，以下说法错误的是(　　)。
    A. 境内机构投资者在境外投资时，应就每一笔资金的使用再次向国家外汇管理局提出申请
    B. 境内机构投资者应按规定向国家外汇管理局申请境外证券投资额度
    C. 境内机构投资者应在国家外汇管理局核准的境外证券投资额度内进行投资
    D. 境内机构投资者应当定期向国家外汇管理局报告额度使用和资金汇出入情况

35. 相对封闭式基金，开放式基金特有的财务会计报表分析内容是(　　)。
    A. 投资风格分析　　B. 分红能力分析　　C. 份额变动分析　　D. 持仓结构分析

36. 基金资产估值就是按一定的原则和方法对基金资产的基金负债进行估算，进而确定(　　)。
    A. 基金资产份额净值　　　　　　B. 基金资产公允价值
    C. 基金资产成本　　　　　　　　D. 基金资产总值

37. 下列关于QDII基金的投资范围，表述不准确的是(　　)。
    A. 住房按揭支持证券
    B. 经中国证监会认可的国际金融组织发行的证券
    C. 所有的公募基金
    D. 银行存款

38. 已知某基金近两年来累计收益率为20%，那么应用几何平均收益率计算的该基金的年平均收益率应为(　　)。
    A. 7.5%　　　　B. 9.5%　　　　C. 8.5%　　　　D. 10.5%

39. 以下不属于盈利能力指标的是(　　)。
    A. 净资产收益率　　B. 总资产收益率　　C. 销售利润率　　D. 利息倍数

40. 目前中国收取印花税的交易品种是( )。
    A. 股票　　　　　B. 基金　　　　　C. 地方债券　　　　　D. 公司债券

41. 根据人民银行的规定,目前我国银行间质押式回购的最长期限是( )。
    A. 3个月　　　　B. 1年　　　　　C. 6个月　　　　　D. 1个月

42. 关于全球投资业绩标准(GIPS),以下说法错误的是( )。
    A. GIPS 标准确保不同的投资管理机构的投资业绩具有可比性
    B. GIPS 标准可以提高业绩报告的透明度,确保在一致、可靠、公平且可比的基础上
    C. GIPS 标准经现金流调整后的时间加权收益率
    D. GIPS 标准要求不同期间的收益率以算术平均方式相连接

43. 上市公司回购股份的方式不包括( )。
    A. 要约回购　　　B. 场内公开市场回购　　C. 正回购　　　　D. 场外协议回购

44. 关于债券利率风险的描述,以下错误的是( )。
    A. 浮动利率债券的利息在支付日根据当前基准利率重新设定
    B. 债券的价格与利率呈反向变动关系
    C. 浮动利率债券在市场利率下行的环境中具有较低的利率风险
    D. 利率风险是指利率变动引起债券价格波动的风险

45. 下列关于沪港通重要意义的说法错误的是( )。
    A. 推动人民币跨境资本流动　　　　B. 刺激人民币资产需求,加大人民币交投量
    C. 有助于央行控制货币供应量　　　D. 构建良好的人民币回流机制

46. 为防范证券结算风险,中国设立了( ),用于垫付或弥补因违约交收、技术故障、操作失误、不可抗力等造成的证券登记结算机构的损失。
    A. 证券结算风险基金　　　　　　B. 证券交易风险基金
    C. 管理风险准备金　　　　　　　D. 投资者保护基金

47. 某基金 A 在持有期为 12 个月,置信水平为 95% 的情况下,若计算的风险价值为 5%,则表明( )。
    A. 该基金在 12 个月中的损失有 5% 的可能不超过 95%
    B. 该基金在 12 个月中的损失有 5% 的可能不超过 5%
    C. 该基金在 12 个月中的最大损失为 5%
    D. 该基金在 12 个月中的损失有 95% 的可能不超过 5%

48. 以下不属于可转换债券的基本要素的是( )。
    A. 赎回条款　　　B. 转换期限　　　C. 市场利率　　　D. 回售条款

49. ( )是资金的远期价格,即隐含在给定的即期利率中从未来的某一时点到另一时点的利率水平。
    A. 远期利率　　　B. 即期利率　　　C. 票面价格　　　D. 发行价格

50. 股票拆分对( )没有影响。
    A. 股价和总市值　　　　　　　　B. 股东权益和总市值
    C. 股东权益和投资人的购买欲望　　D. 投资人的购买欲望和股价

51. 下列关于非系统性风险的说法正确的是( )。
    A. 非系统性风险是由于公司特定经营环境或特定事件变化引起的不确定性的加强,只对个别公司的证券产生影响,是公司特有的风险
    B. 流动性风险又称违约风险,是企业在付息日或负债到期日无法以现金方式支付利息或偿还本金的风险,严重时可能导致企业破产或倒闭
    C. 管理风险是指公司在经营过程中由于产业景气状况、公司管理能力、投资项目等企业个体因素,使得企业的销售额或成本变得不稳定,引起息税前利润大幅变动的可能性
    D. 交易风险是指投资者在买入资产后,届时无法按照公平市价进行成交的可能性

52. 债券远期交易,从交易日到结算日的期限由交易双方确定,但最长不得超过( )天。
    A. 500　　　　　B. 365　　　　　C. 90　　　　　D. 30

53. 以下关于另类投资的优点与局限性的说法,错误的是( )。
    A. 缺乏监管和信息透明度
    B. 风险可以降到趋近于零
    C. 流动性较差,杠杆率偏高
    D. 估值难度大,难以对资产价值进行准确评估

54. ( )是从资产回报相关性的角度分析两种不同的证券表现的联动性。
    A. 相关系数　　　B. β系数　　　　C. 方差　　　　　D. 跟踪误差

55. 关于主动投资和被动投资的说法,错误的是( )。
    A. 被动投资的目标是减少跟踪偏离度和跟踪误差
    B. 被动投资是在市场有效假定下的一种投资方式
    C. 主动投资是在市场有效假定下的一种投资方式
    D. 主动投资的目标是扩大主动收益,缩小主动风险,提高信息比率

56. 计算投资者申购基金份额,赎回基金金额的基础是( )。
    A. 基金资产净额　　　　　　　　B. 基金资产总值
    C. 基金份额净值　　　　　　　　D. 基金总份额

57. 以下不属于 CFA 提出了最佳执行的实施框架中包含的是( )。
    A. 过程　　　　　B. 披露　　　　　C. 记录　　　　　D. 目的

58. 关于 β 系数,以下表述错误的是( )。
    A. 评估证券或投资组合系统性风险的指标
    B. β 系数可以用来衡量投资组合相对基准的风险水平
    C. β 系数大于 1,表明该投资组合的价格变动幅度比市场大
    D. β 系数小于 1(大于 0),表明投资组合的价格变动幅度比市场大

59. 下列投资中,属于另类投资形式的有( )。
    Ⅰ. 私募股权　　Ⅱ. 不动产　　Ⅲ. 大宗商品　　Ⅳ. 艺术品　　Ⅴ. 股票
    A. Ⅰ、Ⅱ、Ⅲ、Ⅳ、Ⅴ　B. Ⅰ、Ⅱ、Ⅲ、Ⅳ　C. Ⅱ、Ⅲ、Ⅳ　D. Ⅱ、Ⅲ、Ⅳ、Ⅴ

60. 有效前沿是由全部( )构成的集合。
    A. 有效投资组合　　B. 无风险投资组合　　C. 平行投资组合　　D. 风险投资组合

61. 以下关于 β 系数的局限性说法错误的是( )。
    A. 通常 β 系数是用投资组合与基准指数的历史收益数据计算而来的,无法反映新的变化
    B. β 系数在较短时间内不会随着计算所使用的历史时间区间的变化而变化
    C. 对于投资管理人来说,要在短期内达到一个特定的 β 系数的目标,是非常困难的
    D. 在应用 β 系数进行投资组合对比时,需要注意所使用数据的时间区间

62. ( )是指货币随着时间的推移而发生的增值。
    A. 现值系数　　　B. 终值　　　　　C. 现值　　　　　D. 货币时间价值

63. 下列关于优先股和普通股的说法错误的是( )。
    A. 优先股的股息率往往是事先规定好的,它不因公司经营业绩的好坏而有所变动
    B. 优先股和普通股都代表对公司的所有权,同属权益证券

C. 普通股是股份有限公司发行的一种基本股票,代表公司股份中的所有权份额
D. 权益资本是通过发行债券或置换所有权筹集的资本,最主要的权益证券是普通股和优先股

64. 以下关于股票的特征错误的是( )。
   A. 流动性是指股票可以依法自由地进行交易的特征
   B. 永久性是指股票所载有权利的有效性是始终不变的,但它是一种有期限的法律凭证
   C. 收益性是指持有股票可以为持有人带来收益的特性,包括股息红利及资本利得
   D. 参与性是指股票持有人有权参与公司重大决策的特性

65. 假设基金净值增长率服从正态分布,则可以期望在67%的情况下,净值增长率会落入平均值( )范围内。
   A. 1个正标准差 B. 1个负标准差 C. 正负1个标准差 D. 正负0.5个标准差

66. ( )一般指短期的,具有高流动性的低风险证券。
   A. 债券 B. 基金 C. 股票 D. 货币市场工具

67. 关于远期合约,下列( )是错误的。
   A. 远期合约一般不在交易所进行交易,而是在金融机构之间或金融机构与客户之间通过谈判后签署的
   B. 远期合约是指交易双方约定在未来的某一确定的时间,按约定的价格买入或卖出一定数量的某种合约标的资产的合约
   C. 远期合约市场的效率较高
   D. 远期合约的违约风险会比较高

68. 承担审查基金资产净值和基金份额净值的责任人是( )。
   A. 基金托管人 B. 基金销售机构
   C. 注册登记机构 D. 基金审计的会计师事务所

69. ( )是指资金需求方在出售证券的同时与证券的购买方在一定期限后按约定价格购回所卖证券的交易行为。
   A. 期权交易 B. 回购协议 C. 互换交易 D. 远期交易

70. 以下关于主动比重的说法中错误的是( )。
   A. 主动比重衡量一个投资组合与基准指数的相似程度
   B. 主动比重用来衡量投资组合相对于基准的偏离程度
   C. 与基准不同并不意味着投资组合一定会跑赢或跑输基准
   D. 与基准不同意味着投资组合的业绩表现会与基准有显著区别

71. 在目前的法规下,开放式债券基金的杠杆率上限为( ),封闭式债券基金的杠杆率上限为( )。
   A. 100%;200% B. 140%;100% C. 140%;200% D. 100%;140%

72. 下列关于风险指标说法错误的是( )。
   A. 波动率在风险管理中最常见的定义是单位时间收益率的标准差
   B. 最大回撤测量投资组合在指定区间
   C. 指定区间越短,最大回撤指标就越不利,因此在不同的基金之间使用该指标的时候,应尽量控制在同一个评估期间
   D. 较高的主动比重意味着投资组合的表现可能会与基准差别较大

73. 中国债券市场的场内交易场所主要是指( )。
   A. 银行间市场 B. 上海证券交易所和深圳证券交易所
   C. 银行柜台市场 D. 证券公司

74. 以下选项中,不属于免征增值税的是( )。
   A. 香港市场投资者通过基金互认买卖内地基金份额
   B. 开放式证券投资基金管理人运用基金买卖股票、债券
   C. 证券投资基金开展质押式买入返售取得的金融同业往来利息收入
   D. 机构投资者买卖基金份额

75. 证券登记结算机构须采用( )措施保证业务的正常运行。
   Ⅰ. 制定完善的风险防范机制和内部控制制度
   Ⅱ. 建立完善的技术系统,制定由结算参与人共同遵守的技术标准和规范
   Ⅲ. 要建立完善的结算参与人准入标准和风险评估体系
   Ⅳ. 要对结算数据和技术系统进行备份,制定业务紧急应变程序和操作流程
   A. Ⅰ、Ⅱ、Ⅲ B. Ⅱ、Ⅲ、Ⅳ C. Ⅰ、Ⅲ、Ⅳ D. Ⅰ、Ⅱ、Ⅲ、Ⅳ

76. 股票A、B、C具有相同的预期收益和风险,股票之间的相关系数如下:A和B的相关系数为0.8,B和C的相关系数为0.2,A和C的相关系数为-0.4,哪种等权重投资组合的风险最低( )。
   A. 股票B和C组合 B. 股票A和B组合
   C. 股票A和C组合 D. 无法断定

77. 2015年度,某公司的实收资本100亿元,资本公积40亿元,盈余公积40亿元,未分配利润60亿元,则应计入所有者权益的金额为( )亿元。
   A. 240 B. 140 C. 200 D. 180

78. IPO是指( )。
   A. 首次公开发行 B. 上市申请通过发审委审核
   C. 股票发行后上市交易 D. 上市申请通过保荐人审核

79. 债券评级是反映债券违约风险的重要指标,以下两项评级都属于高收益债券评级的是( )。
   A. 穆迪的BAA3和惠誉的BBB+ B. 标准普尔的BBB和穆迪的AA2
   C. 惠誉的BB+和穆迪的B1 D. 标准普尔的BBB-和惠誉的B+

80. 通常采用现金结算,极少进行实物交割的衍生品合约是( )。
   A. 互换合约 B. 远期合约 C. 期货合约 D. 期权合约

81. 下列关于即期利率与远期利率的说法,错误的是( )。
   A. 即期利率是金融市场中的基本利率,常用S_t表示,是指已设定到期日的零息票债券的到期收益率
   B. 远期利率指的是资金的远期价格,它是指隐含在给定的即期利率中从未来的某一时点到另一时点的利率水平
   C. 远期利率和即期利率的区别在于计算方式不同
   D. 远期利率和即期利率的区别在于计息日起点不同

82. 已知甲公司年负债总额为200万元,资产总额为500万元,无形资产净值为50万元,流动资产为240万元,流动负债为160万元,年利息费用为20万元,净利润为100万元,所得税为30万元,则( )。
   A. 年末资产负债率为40% B. 年末产权比率为1/3
   C. 年利息保障倍数为6.5 D. 年末长期资本负债率为10.76%

83. 下列关于远期合约、期货合约、期权合约和互换合约区别的表述,不正确的是( )。
   A. 期货合约只在交易所交易,期权合约大部分在交易所交易,远期合约和互换合约通常在场外交易,采用非标准形式进行

C.债券价格下降,再投资收益下降
D.债券价格上升,再投资收益下降

16. 股票的变化表现为三种趋势:长期趋势、中期趋势及短期趋势。其中,(　　)最为重要,也最容易被辨认,是投资者主要的观察对象。
    A.长期趋势　　　　　　　　　　　　B.中期趋势
    C.短期趋势　　　　　　　　　　　　D.中期趋势和短期趋势

17. 在国际金融市场上,(　　)是被广泛采纳的基准利率。
    A.上海银行间同业拆借利率　　　　　B.伦敦银行间同业拆借利率
    C.新加坡银行间同业拆借利率　　　　D.纽约银行间同业拆放利率

18. 境内一家 A 证券公司成立于 2012 年 6 月,2017 年 3 月 A 公司根据公司发展,需要申请 QDII 资格。A 公司各项风险控制指标符合规定标准,净资本为 9 亿元人民币,净资本与净资产比例为 65%,经营集合资产管理计划业务已 2 年,在最近一个季度末资产管理规模为 18 亿元人民币,和 4 亿元人民币的等值外汇资产。A 公司申请 QDII 业务还需要满足(　　)。
    A.要等到 3 个月以后才能申请
    B.应将净资本与净资产比例提高到 70%
    C.经营集合资产管理计划业务应满 3 年
    D.在最近一个季度末资产管理规模为 30 亿元人民币或等值外汇资产

19. 以下选项中纳入强制集中清算的品种有(　　)。
    Ⅰ.7 天回购定盘利率　　　　　　　Ⅱ.浮动端参考利率为 SHIBOR 隔夜
    Ⅲ.浮动端参考利率为 SHIBOR3 个月　Ⅳ.期限在 5 年以下的利率互换交易
    A.Ⅱ、Ⅲ、Ⅳ　　　　　　　　　　　B.Ⅰ、Ⅲ、Ⅳ
    C.Ⅰ、Ⅱ、Ⅳ　　　　　　　　　　　D.Ⅰ、Ⅱ、Ⅲ、Ⅳ

20. 主动收益 =(　　)。
    A.证券组合的真实收益 + 基准组合的收益　　B.证券组合的真实收益÷基准组合的收益
    C.证券组合的真实收益×基准组合的收益　　D.证券组合的真实收益 - 基准组合的收益

21. 当货币市场基金前 10 名份额持有人的持有份额合计超过基金总额的 20% 时,货币市场基金投资组合的平均剩余期限不得超过(　　)天。
    A.90　　　　　B.150　　　　　C.180　　　　　D.360

22. 下列关于 UCITS 指令,说法错误的是(　　)。
    A.为欧盟各成员国的开放式基金建立了一套跨境监管标准
    B.结束了成员国对另类投资基金的监管各自为政且水平各异的状态
    C.欧盟成员国各自以立法形式认可该指令后,本国符合要求的基金即可在其他成员国面向个人投资者发售,无须再申请认可
    D.符合要求的基金管理公司可以管理在其他成员国发行的基金

23. 下列关于申请 QDII 资格的机构投资者应当符合的条件,说法错误的是(　　)。
    A.具有 5 年以上境外证券市场投资管理经验和相关专业资质的中级以上管理人员不少于 1 名
    B.具有 3 年以上境外证券市场投资管理相关经验的人员不少于 3 名
    C.具有健全的治理结构和完善的内控制度,经营行为规范

D.最近 2 年没有受到监管机构的重大处罚,没有重大事项正在接受司法部门、监管机构的立案调查

24. 由于现代企业最重要的经营目标就是最大化股东财富,因而衡量企业最大化股东财富能力的比率是(　　)。
    A.资产负债率　　B.净资产收益率　　C.销售利润率　　D.资产收益率

25. 预测公司前景中适用的"自上而下"层次分析法是指(　　)。
    A.行业—宏观—个股　　　　　　B.个股—行业—宏观
    C.宏观—个股—行业　　　　　　D.宏观—行业—个股

26. 下面选项中不能作为债券发行人的是(　　)。
    A.地方政府　　B.中央政府　　C.自然人　　D.金融机构

27. 交易双方约定在未来某一时期相互交换某种合约的资产的合约被称为(　　)。
    A.期货合约　　B.互换合约　　C.远期合约　　D.期权合约

28. 以下不直接影响投资者需求的是(　　)。
    A.风险容忍度　　B.收益要求　　C.投资期限　　D.监管制度的强弱

29. 以下关于零息债券的说法,错误的是(　　)。
    A.零息债券和固定利率债券一样有一定的偿还期限
    B.零息债券在存续期间不支付利息,而在到期日一次性支付利息和本金,一般其值为债券面值
    C.零息债券以面值为价格发行,到期日支付的面值和发行时价格的差额即为投资者的收益
    D.许多偿还期是 1 年或 1 年以下的债券以零息债券的方式发行

30. 下列选项中完全包括不动产投资的类型的选项是(　　)。
    Ⅰ.地产投资　　Ⅱ.商业房地产投资　　Ⅲ.工业用地投资
    Ⅳ.酒店投资　　Ⅴ.养老地产等其他形式的投资
    A.Ⅰ、Ⅱ、Ⅲ　　B.Ⅰ、Ⅱ、Ⅲ、Ⅳ　　C.Ⅰ、Ⅱ、Ⅲ、Ⅳ、Ⅴ　　D.Ⅰ、Ⅳ、Ⅴ

31. 下列选项中关于弱有效市场和半强有效市场的说法错误的是(　　)。
    A.如果市场是半强有效的,市场参与者就不可能从任何公开信息中获取超额利润,这意味着基本面分析方法无效
    B.半强有效市场是指证券价格不仅已经反映了历史价格信息,而且反映了当前所有与公司证券有关的公开有效信息,例如盈利预测、红利发放、股票分拆、公司并购等各种公告信息
    C.弱有效市场是指证券价格能够充分反映价格历史序列中包含的所有信息,如证券的价格、交易量等
    D.在一个半强有效的证券市场上,任何为了预测未来证券价格走势而对以往价格、交易量等历史信息所进行的技术分析都是徒劳的

32. 下列关于股票交易的佣金和印花税的说法错误的是(　　)。
    A.证券公司对于不同的投资者往往会采用不同的交易佣金率
    B.印花税是根据国家税法规定,在股票成交后对买卖双方投资者按照规定的税率分别征收的税金,是交易费用的重要组成部分
    C.证券公司收取佣金归证券公司所有
    D.我国 A 股印花税率为单边征收(只在卖出股票时征收),税率为 1‰

33. 某金融产品,下一年度如果经济上行年化收益率为10%,经济平稳年化收益率为8%,经济下行年化收益率为3%。其中,经济上行的概率为10%,经济平稳的概率为50%,经济下行的概率为40%。则下一年度该金融产品的期望收益率为(　　)。
    A.6.5%　　　　B.6.2%　　　　C.7%　　　　D.8%

34. 投资组合管理的反馈由(　　)和(　　)组成。
    A.业绩度量;业绩评估
    B.监控和再平衡;业绩归因
    C.监控和再平衡;业绩度量
    D.监控和再平衡;业绩评估

35. 按执行价格和标的资产市场价格关系分类,期权可分为(　　)。
    A.实值期权、虚值期权和平值期权
    B.欧式期权和美式期权
    C.期货期权和利率期权
    D.看涨期权和看跌期权

36. 在固定收益平台进行的固定收益证券现券交易实行净价申报,申报价格变动单位为(　　)元,申报数量单位为1手(1手为1000元面值),交易价格实行涨跌幅限制,涨跌幅比例为10%。
    A.1　　　　B.0.1　　　　C.0.01　　　　D.0.001

37. 下列关于基金暂停估值的情形的说法错误的是(　　)。
    A.基金投资所涉及的证券交易所遇法定节假日或因其他原因暂停营业时
    B.因不可抗力或其他情形致使基金管理人、基金托管人无法准确评估基金资产价值时
    C.基金托管人认为属于紧急事故的任何情况,会导致基金管理人不能出售或评估基金资产
    D.占基金相当比例的投资品种的估值出现重大转变,而基金管理人为保障投资人的利益已决定延迟估值

38. 下列属于我国债券市场的场外交易场所的是(　　)。
    A.银行间市场　　B.融资融券市场　　C.上海证券交易所　　D.深圳证券交易所

39. 评价企业盈利能力时,我们最常用到的是(　　)。
    A.净资产收益率　　B.存货周转率　　C.销售利润率　　D.负债权益比

40. 下列关于资产负债率的说法,错误的是(　　)。
    A.资产负债率是使用频率最高的债务比率
    B.资产负债率多大最为合适,是难以精确计算决定的
    C.资产负债率在同行业企业中有较大的参考价值
    D.资产负债率 = 资产 ÷ 负债

41. 以下说法错误的是(　　)。
    A.流动比率大于2,意味着企业可以运用流动资产的变现来足额偿付其短期债务
    B.对于短期债权人来说,流动比率越高越好,因为越高意味着他们收回债款的风险越低
    C.企业的流动资产主要包括现金及现金等价物、应收票据、应付账款和存货等
    D.相对于流动比率来说,速动比率对于短期偿债能力的衡量更加直观可信

42. 以下选项中关于终值和现值的说法错误的是(　　)。
    A.$1/(1+i)^n$ 称为复利现值系数或1元的复利现值,用符号(PV,i,n)表示
    B.$(1+i)^n$ 称为复利终值系数或1元的复利终值,用(FV,i,n)表示
    C.单利是指每经过一个计息期,要将所生利息加入本金再计息的方法
    D.复利终值的计算公式为 $FV = PV \times (1+i)^n$

43. 以下关于正态分布的说法正确的是(　　)。
    A.正态分布是最重要的一类离散型随机变量分布
    B.当没有任何决定性的消息发布的时候,股票走势很多时候呈现出"随机游走"的特点,这里的"随机游走"就是指股价的波动值服从正态分布
    C.正态分布密度函数的显著特点是中间低两边高,是一条光滑的"钟形曲线"
    D.正态分布距离均值越近的地方数值越分散,而在离均值较远的地方数值则很密集

44. 在杜邦财务分析体系中,假设其他情况相同,下列说法中错误的是(　　)。
    A.权益乘数大则资产净利率大
    B.权益乘数大则净资产收益率大
    C.权益乘数等于股东权益比率的倒数
    D.权益乘数大则财务风险大

45. 下列关于股票收益互换的说法中错误的是(　　)。
    A.交易一方或双方支付的金额与特定股票、指数等权益类标的证券的表现挂钩
    B.双方按照收益轧差后的净额进行支付,不会发生本金交换
    C.股票收益互换可以帮助投资者锁定买入成本,对冲买入期间价格波动的风险
    D.股票收益互换的模式包括固定利率和股票收益的互换,股票收益和固定利率的互换,股票收益和股票收益的互换

46. 关于资产配置策略,以下说法错误的是(　　)。
    A.战略资产配置通过发现套利机会,低买高卖,以提高投资组合收益
    B.战术资产配置试图通过动态调整以增加资产组合的价值
    C.战略资产配置根据投资者风险与收益目标确定各大类资产的投资比例
    D.战术资产配置对战略资产配置的偏离往往被限制在一定范围内

47. 根据2014年《公开募集证券投资基金运作管理办法》的规定,下列符合混合型基金的要求的是(　　)。
    A.股票投资比例:0~20%,债券投资比例80%以上
    B.股票投资比例:85%~100%
    C.股票投资比例:80%~95%
    D.股票投资比例:65%~80%

48. 下列关于 P/E(市盈率)和 $EV/EBITDA$(企业价值倍数)的说法,错误的是(　　)。
    A.在 $EV/EBITDA$ 方法中,要最终得到对股票市值的估计,还必须减去债权的价值
    B.P/E 和 $EV/EBITDA$ 反映的都是市场价值和收益指标之间的比例关系
    C.P/E 是从全体投资人的角度出发,而 $EV/EBITDA$ 是从股东的角度出发
    D.$EV/EBITDA$ 更适用于单一业务或子公司较少的公司估值

49. 关于证券交易中市场冲击产生的交易成本,以下表述错误的是(　　)。
    A.市场冲击产生的交易成本属于证券市场交易的显性成本
    B.头寸越大,对市场价格的冲击越明显
    C.交易执行时间的延长会导致机会成本的增加
    D.市场冲击可以用交易头寸占日平均交易量的比例来衡量

50. 关于计算 VaR 值的蒙特卡洛模拟法,下列表述错误的是(　　)。
    A.蒙特卡洛模拟法在估算之前,需要有风险因子的概率分布模板,继而重复模拟风险因子变动的过程

B. 蒙特卡洛模拟法计算量较大
C. 蒙特卡洛模拟法被认为是最精准贴近的计算 VaR 值方法
D. 蒙特卡洛模拟法所选用的历史样本期间非常重要

51. 以下关于私募股权投资基金组织形式的说法中正确的是( )。
   A. 公司型基金不具有独立的法人地位
   B. 公司型基金的基金管理人会受到股东的严格监督管理
   C. 合伙型基金具有独立的法人地位
   D. 信托型基金具有法律实体地位

52. 关于主动投资的说法( )是错误的。
   A. 在非完全有效的市场上,主动投资策略收益主要来自主动投资者比其他大多数投资者拥有更好的信息和主动投资者能够更高效地使用信息并通过积极交易产生回报
   B. 主动投资的目标是稳定主动收益,扩大主动风险,提高信息比率;被动投资的目标是同时减少跟踪偏离度和跟踪误差
   C. 主动投资者常常采用基本面分析和技术分析方法
   D. 主动投资收益 = 证券组合真实收益 − 基准组合收益

53. 以下关于上海证券交易所融资融券的标的证券为股票的条件错误的是( )。
   A. 股东人数不少于 4000 人
   B. 融资买入标的股票的流通股本不少于 1 亿股或流通市值不低于 5 亿元
   C. 在过去 3 个月内该股票的日均换手率低于基准指数日均换手率的 15%
   D. 在上海证券交易所上市交易超过 3 个月

54. ( )是指在给定的时间区间内和给定的置信水平下,利率、汇率等市场风险要素发生变化,投资组合所面临的潜在最大损失,是银行采用内部模型计算市场风险资本要求的主要依据。
   A. β 系数   B. 标准差   C. 风险价值   D. 跟踪误差

55. 以下选项中,属于不存在活跃市场投资品种估值原则的是( )。
   A. 在估值日有报价的,除会计准则规定的例外情况外,应将该报价不加调整地应用于该资产或负债的公允价值计量
   B. 估值日无报价且最近交易后未发生影响公允价值计量的重大事件的,应采用最近交易日的报价确定公允价值
   C. 有充足证据表明估值日或最近交易日的报价不能真实反映公允价值的,应对报价进行调整,确定公允价值
   D. 应采用在当前情况下适用并且有足够可利用数据和其他信息支持的估值技术确定公允价值

56. 因发生违约交收,技术故障等原因给证券登记结算机构造成了损失,垫付或弥补项损失的资金来源是( )。
   A. 交易所   B. 保险机构
   C. 证券结算风险基金 D. 中国证监会

57. 买断式回购到期资金结算额为( )×(回购债券数量/100)。
   A. 到期交易净价 + 到期结算日应计利息 − 首期结算日应计利息
   B. 到期交易净价 + 到期结算日应计利息
   C. 首期交易净价 + 到期结算日应计利息
   D. 首期交易净价 + 首期结算日应计利息

58. 证券公司向客户收取的佣金(包括代收的证券交易监管费和证券交易所手续费等)不得高于证券交易金额的( )‰,也不得低于代收的证券交易监管费和证券交易所手续费等,A 股、证券投资基金每笔交易佣金不足 5 元的,按 5 元收取。
   A. 1   B. 5   C. 3   D. 0

59. 深交所证券的收盘价通过( )的方式产生,收盘集合竞价不能产生收盘价或未进行收盘集合竞价的,以当日该证券最后一笔交易前 1 分钟所有交易的成交量加权平均价(含最后一笔交易)为收盘价,当日无成交的,以前收盘价为当日收盘价。
   A. 连续竞价   B. 协议竞价   C. 集合竞价   D. 充分竞价

60. 下列选项中不属于隐性成本的是( )。
   A. 机会成本   B. 买卖价差   C. 冲击成本   D. 印花税

61. 假设某基金持有的 3 种股票的数量分别为 10 万股、50 万股和 100 万股,每股的收盘价分别为 30 元、20 元和 10 元,银行存款为 1000 万元,应付托管人或管理人的报酬为 500 万元,应付税费为 500 万元,已售出的基金份额 2000 万份。运用一般的会计原则,则基金份额净值为( )元。
   A. 1   B. 1.3   C. 1.15   D. 1.5

62. 我国基金资产估值的责任人是基金( ),但基金( )对估值结果负有复核责任。
   A. 托管人;管理人   B. 管理人;证监会
   C. 管理人;托管人   D. 托管人;基金业协会

63. 假设某投资者持有 10000 份基金 A,T 日该基金发布公告,拟以 T+2 为除权日进行利润分配,每 10 份分配现金 0.5 元,T+2 日该基金份额净值为 1.635 元,除权后该基金的基金份额净值为( )元,该投资者可分得现金股利( )元。
   A. 1.630;500   B. 1.135;5000
   C. 1.635;5000   D. 1.585;500

64. 与基金利润有关的财务指标不包括( )。
   A. 本期已实现收益   B. 期末可供分配利润
   C. 基金总份额   D. 本期利润

65. 小张 2017 年 3 月 17 日(周五)通过场外申购到了一万份货币市场基金 A 的份额,同时成功赎回了一万份货币市场基金 B 的份额,下表为货币市场基金 A 和 B 在 3 月 17 日至 3 月 20 日期间的每日分配利润(按万份计算)。在此期间小张从基金 A 和 B 可以享有的基金分配利润总额是( )元。

日期	星期	基金 A 每日分配的利润(每万份收益)	基金 B 每日分配的利润(每万份收益)
2017 年 3 月 17 日	周五	0.60 元	0.58 元
2017 年 3 月 18 日	周六	0.65 元	0.55 元
2017 年 3 月 19 日	周日	0.61 元	0.50 元
2017 年 3 月 20 日	周一	0.62 元	0.56 元

A. 3.06   B. 2.25   C. 2.46   D. 2.48

66. 基金运作费用一般指为保证基金正常运作而发生的应由基金承担的费用,它不包括( )。
   A. 上市年费 B. 交易佣金 C. 审计费用 D. 信息披露费

67. 下列关于货币时间价值的说法,错误的是( )。
   A. 货币时间价值是指货币随着时间的推移而发生的增值
   B. 两笔数额相等的资金,发生在不同的时期,实际价值也是不同的
   C. 净现金流量 = 现金流入 – 现金流出
   D. 货币时间价值跟时间的长短无关

68. 甲公司2017年实现营业收入为1000万元,其中现销收入550万元,赊销收入450万元;当年收回以前年度赊销收入380万元,当年预收货款120万元,预付货款30万元,当年因销售退回支付的现金20万元,当年购货退出收到的现金40万元,则甲公司当年销售商品提供劳务收到的现金为( )万元。
   A. 990 B. 1030 C. 1100 D. 1150

69. 单个境外投资者通过合格投资者持有一家上市公司股票的,持股比例不得超过该公司股票总数的( )。
   A. 15% B. 10% C. 8% D. 5%

70. 利润表的构成部分不包括( )。
   A. 营业收入
   B. 利润
   C. 与营业收入相关的生产性费用、销售费用和其他费用
   D. 营业费用

71. ( )是指结算系统对每笔债券交易都单独进行结算,一个买方对应一个卖方,当一方遇券或款不足时,系统不进行部分结算。
   A. 全额结算 B. 实时处理交收
   C. 净额结算 D. 批量处理交收

72. 以下选项中不属于沪港通下的港股通标的是( )。
   A. 恒生综合小型股指数成份股
   B. 恒生综合大型股指数成份股
   C. 恒生综合中型股指数成份股
   D. 同时在上交所、港交所上市的 A + H 股公司股票

73. 下列关于回购协议利率的说法,错误的是( )。
   A. 抵押证券的流动性越好、信用程度越高,回购利率越低
   B. 货币市场的其他子市场对回购市场利率的高低产生正向影响
   C. 若采用实物交割,回购利率较高
   D. 一般来说,回购期限越短,抵押品的价格风险越低,回购利率越低

74. 运用战术资产配置的前提条件不包括( )。
   A. 能够准确地预测市场变化
   B. 资产配置能够达到预期收益和投资目标
   C. 能够有效实施动态资产配置投资方案
   D. 能够发现单个证券的投资机会

75. 当日申购的基金份额自下一个交易日起( )基金的分配权益,当日赎回的基金份额自下一个交易日起( )基金的分配权益,但中国证监会认定的特殊货币市场基金品种除外。
   A. 享有;不享有 B. 不享有;不享有
   C. 享有;享有 D. 不享有;享有

76. UCITS 五号令中补充和更新的内容包括( )。
   Ⅰ. 托管机构的资格条件
   Ⅱ. 管理公司的护照
   Ⅲ. 引入基金管理公司通行证
   Ⅳ. 引入管理人薪酬政策
   Ⅴ. 完善处罚惩戒体系
   A. Ⅰ、Ⅲ、Ⅳ B. Ⅰ、Ⅱ、Ⅳ、Ⅴ C. Ⅰ、Ⅳ、Ⅴ D. Ⅰ、Ⅱ、Ⅲ、Ⅳ、Ⅴ

77. 中国证监会对基金管理公司到香港设立机构的申请进行审查,自受理之日起( )日内作出批准或者不予批准的决定。
   A. 30 B. 60 C. 90 D. 180

78. 以下关于基金业绩归因的说法错误的是( )。
   A. 用相对收益进行归因对决策没有参考意义
   B. 相对收益归因是通过分析基金与比较基准在资产配置、证券选择等方面的差异,来找出基金跑赢或跑输业绩比较基准的原因
   C. 绝对收益归因是考察各个因素对基金总收益的贡献
   D. 绝对收益归因的本质是对基金总收益的分解

79. 合格投资者的投资本金锁定期为( ),自合格投资者累计汇入投资本金达到等值2000万美元之日起计算。
   A. 3 个月 B. 6 个月 C. 9 个月 D. 1 年

80. 下列选项中,可以实现对东道国主管机构境内的证券投资基金管理人进行实地检查的模式有( )。
   A. 母国主管机构进行检查模式 B. 双方主管机构联合检查模式
   C. 东道国主管机构进行检查模式 D. 以上都正确

81. 在企业速动比率是0.8的情况下,会引起该比率提高的经济业务是( )。
   A. 银行提取现金 B. 赊购商品
   C. 收回应收账款 D. 申请到一笔短期借款

82. 基金利润表中,不属于其他收入项的是( )。
   A. 公允价值变动损益 B. ETF 替代损益
   C. 手续费返还 D. 归基金资产部分的赎回费收入

83. 产权比率与权益乘数的关系是( )。
   A. 产权比率 × 权益乘数 = 1 B. 权益乘数 = 1/(1 – 产权比率)
   C. 权益乘数 = (1 + 产权比率)/产权比率 D. 权益乘数 = 1 + 产权比率

84. 股利贴现模型最早由( )提出。
   A. 威廉姆斯和戈登 B. 彼得·林奇
   C. 葛兰碧 D. 莫迪利亚尼和米勒

85. 下列关于机构投资者买卖基金税收的表述,正确的是( )。
   A. 对机构买卖基金份额征收印花税
   B. 机构投资者购入基金等各类资产管理产品持有至到期征收增值税
   C. 对机构从基金分配中获得的收入征收企业所得税
   D. 机构投资者买卖基金份额属于金融商品转让,征收增值税

86. 当一个行业技术已经成熟,产品的市场基本形成并不断扩大,公司利润开始逐步上升,股价逐步上涨时,表明该行业处于生命周期的( )。
   A. 成长期   B. 衰退期   C. 成熟期   D. 初创期

87. 基金公司投资风险管理步骤正确的是( )。
   A. 识别风险→测量风险→处理风险→风险管理的评估和调整
   B. 测量风险→识别风险→处理风险→风险管理的评估和调整
   C. 识别风险→测量风险→风险管理的评估和调整→处理风险
   D. 测量风险→识别风险→风险管理的评估和调整→处理风险

88. 某公司发行了面值为1000元的5年期零息债券,现在的市场利率为8%,那么该债券的现值为( )元。
   A. 680.58   B. 925.93   C. 714.29   D. 1000

89. 1938年,麦考利为全面反映债券现金流的期限特性,引入( )的概念。
   A. 凸度   B. 信用利差   C. 收益率曲线   D. 久期

90. 基金的会计核算对象不包括( )。
   A. 损益类
   B. 资产负债共同类
   C. 资产损益共同类
   D. 负债类

91. 债券到期收益率隐含两个重要假设,一个是投资者持有至到期,另一个是( )。
   A. 债券市场价格不变   B. 票面利率不变
   C. 利息再投资收益率不变   D. 计息方式不发生变化

92. 基金持有的金融资产和承担的金融负债通常归类为( )和金融负债。
   A. 持有至到期投资
   B. 可供出售的金融资产
   C. 贷款和应收款项
   D. 以公允价值计量且其变动计入当期损益的金融资产

93. 负责境外资产托管业务的境外资产托管人,其应当满足最近一个会计年度实收资本不少于( )亿美元或等值货币,或托管资产规模不少于( )亿美元或等值货币。
   A. 10;1000   B. 10;100   C. 5;1000   D. 5;100

94. 下列不属于股票价格指数编制方法的是( )。
   A. 算术平均法   B. 加权平均法   C. 优化复制   D. 几何平均法

95. 以下关于算法交易、自动交易、程序化交易的说法正确的是( )。
   A. 程序化交易更多强调的是投资决策
   B. 算法交易是指计算机辅助的在交易过程中没有人工干预的各种交易的总称
   C. 自动交易是指计算机辅助的完全依据特定规则进行自动化投资决策并自动执行的交易
   D. 程序化交易是指计算机辅助的对特定交易决策的自动执行,本质上是一种下单策略

96. 关于全球投资业绩标准(GIPS)规定的基金投资业绩计算方法,下列表述中正确的是( )。
   A. 按照现行的GIPS规定,基金公司必须至少每季度一次计算组合群收益
   B. 计算投资组合的收益时,必须以期初资产值加权平均
   C. 假如直接的买卖开支无法从综合费用中确定并分离出来,在计算已扣除费用的收益时,可以使用估计的买卖开支
   D. 必须采用经现金流调整后的时间算术平均收益率

97. 证券登记结算机构为证券交易提供的服务不包括( )。
   A. 证券登记   B. 证券存管   C. 确定交易价格   D. 交易结算

98. 在中国现行的交易规则下,不可能成为交易所当日股票收盘价的是( )。
   A. 股票大宗交易的收盘价
   B. 前一交易日的收盘价
   C. 股票收盘的集合竞价
   D. 当日该股票最后一笔交易前1分钟的成交量加权平均价

99. 关于基金财务会计报告分析,以下表述错误的是( )。
   A. 分红能力分析是其比较特殊的内容
   B. 可以评价基金过往的投资管理能力
   C. 基金份额变动分析是开放式基金特有的内容
   D. 与普通企业会计报表分析的内容没有差异

100. 关于QDII基金的投资范围,以下表述错误的是( )。
   A. 住房按揭支持证券
   B. 所有的公募基金
   C. 银行存款
   D. 经中国证监会认可的国际金融组织发行的证券

《证券投资基金基础知识》真题试卷(三)

本试卷采用虚拟答题卡技术

考生扫描右侧二维码,可将答题选项填入虚拟答题卡中,题库系统自动整理错题,并生成完整的答案及解析。
(注:首次扫码后需先关注"未来金融网校"公众号)

(考试题型均为单项选择题,共100小题,每小题1分,共100分)

1. 甲公司2017年与2016年相比,销售收入增长10%,净利润增长8%,总资产增加12%,总负债增加9%,则2017年与2016年相比,下列描述错误的是( )。
   A. 净资产收益率提高　　　　　　　　B. 总资产周转率降低
   C. 资产收益率降低　　　　　　　　　D. 销售利润率降低

2. 关于单利和复利,以下说法正确的是( )。
   A. 复利计算过程与贴现过程正好相反　　B. 同等情况下,贷款人倾向于以单利计息
   C. 单利考虑了利息的时间价值　　　　　D. 同等情况下,借款人倾向于以复利计息

3. 关于可转债的回售条款,下面说法正确的是( )。
   A. 股票下跌时可转债持有人可以行使回售条款
   B. 回售条款由可转债持有人行使
   C. 回售条款由发行人行使
   D. 回售价格根据回售时标的股票市价确定

4. 在以下选项中,处于最高受偿等级的是( )。
   A. 优先次级债券　　　　　　　　　　B. 担保债券
   C. 优先无担保债券　　　　　　　　　D. 劣后次级债券

5. 中国外汇交易中心人民币利率互换参考利率不包括( )。
   A. SHIBOR(隔夜)　　　　　　　　　B. 国债回购利率(7天)
   C. 1年定期存款利率　　　　　　　　 D. LIBOR(1周)

6. 甲公司2017年与2016年相比,销售利润下降10%,总资产周转率提高10%,假定其他条件与2016年相同。则2017年与2016年相比,甲公司的净资产收益率( )。
   A. 有所提高　　　　　　　　　　　　B. 保持不变
   C. 无法确定高低变化　　　　　　　　D. 有所下降

7. 某10年期债券的票面价值为100元,当前市场价格为90元,票面利率为10%,每年付息一次,则其当期收益率为( )。
   A. 9%　　　　B. 11.11%　　　　C. 12%　　　　D. 10%

8. 关于股票价值,以下说法错误的是( )。
   A. 股票发行时按照票面价值作为发行价格
   B. 股票的内在价值是由市场价格决定的
   C. 股票的清算价值在大多数情况下低于其账面价值
   D. 股票的每股账面价值等于公司净资产除以在外发行的普通股数

9. 股票投资组合构建通常有自上而下和自下而上两种策略。关于自上而下策略,以下描述错误的是( )。
   A. 可以通过板块轮换,从而获得板块的差额收益
   B. 从宏观经济及行业、板块特征入手
   C. 投资组合构建无需受投资政策的约束
   D. 可以通过积极的风格调整,追求风格收益

10. 基金进行利润分配,会对基金份额净值和投资者利润产生的影响是( )。
    A. 基金份额净值下降,投资者利益会相应减少
    B. 基金份额净值不变,投资者利益也不会受影响
    C. 基金份额净值下降,但投资者利益不受影响
    D. 基金份额净值不变,但投资者利益会相应减少

11. 当技术分析无效时,市场至少符合( )。
    A. 弱势有效市场　　B. 半弱势有效市场　　C. 半强势有效市场　　D. 强势有效市场

12. 股票的( )又称股票净值或每股净资产,是每股股票所代表的实际资产的价值。
    A. 清算价值　　　　B. 账面价值　　　　C. 票面价值　　　　D. 内在价值

13. 下列关于衍生工具交易单位的说法,错误的是( )。
    A. 交易单位又称合约规模
    B. 在交易时,只能以交易单位的整数倍进行买卖
    C. 当合约标的资产的市场规模、交易者的资金规模较大时,交易单位应该较小
    D. 确定期货合约交易单位的大小时,主要应当考虑合约标的的资产的市场规模、交易者的资金规模等因素

14. ( )允许期权买方在期权到期前的任何时间执行期权。
    A. 美式期权　　　　B. 欧式期权　　　　C. 看涨期权　　　　D. 看跌期权

15. 下列不属于不动产投资特点的是( )。
    A. 异质性　　　　　B. 低流动性　　　　C. 不可分性　　　　D. 可分性

16. 以下关于逐笔全额结算特点的说法错误的是( )。
    A. 资金(证券)的足额以单笔交易为最小单位
    B. 资金(证券)足额则全部交收,不足可以分拆交收
    C. 交收期灵活,从实时逐笔全额到交收期为$T+0 \sim T+n$日不等
    D. 交收方式多样,可以根据需要采用货银对付、纯券过户等多种交收方式

17. ( )是基金公司管理基金投资的最高决策机构。
    A. 投资部　　　　　B. 研究部　　　　　C. 交易部　　　　　D. 投资决策委员会

18. 下列选项中不属于房地产投资信托基金特点的是( )。
    A. 风险较低　　　　　　　　　　　　B. 抵补通货膨胀效应
    C. 流动性强　　　　　　　　　　　　D. 信息不对称程度较高

19. 交易所发行未上市或未挂牌转让的债券,对于不存在市场活动或市场活动很少的情况下,则应采用( )确定公允价值。
    A. 活跃市场上未经调整的报价　　　　B. 调整后的市场报价
    C. 估值技术　　　　　　　　　　　　D. 结算价

20. 下列属于UCITS基金投资品种的是（　　）。
   A. 银行存款　　　　B. 指数基金　　　　C. 货币市场工具　　　　D. 以上选项都正确

21. 关于基金估值，以下说法正确的是（　　）。
   A. 复核无误的基金份额净值由基金托管人对外公布
   B. 开放式基金每个交易日的次日进行估值
   C. 封闭式基金每周进行一次估值
   D. 开放式基金每个交易日进行估值

22. 假设今天发行一年期债券，面值100元人民币，票面利率为4.25%，每年付息一次，如果到期收益率为4%，则债券价格为（　　）元。
   A. 100.80　　　　B. 100.50　　　　C. 96.15　　　　D. 100.24

23. 跟踪偏离度=（　　）。
   A. 证券组合的真实收益率+基准组合的收益率
   B. 证券组合的真实收益率÷基准组合的收益率
   C. 证券组合的真实收益率×基准组合的收益率
   D. 证券组合的真实收益率-基准组合的收益率

24. 以下条件不属于托管人委托境外资产托管人资格的是（　　）。
   A. 托管资产规模不少于1000亿美元或者等值货币
   B. 最近一个会计年度实收资本不少于10亿美元或等值货币
   C. 最近3年没有受到监管机构的重大处罚
   D. 境外托管机构的高级管理人员有5年以上从业经验

25. 当两种证券投资收益率之间完全正相关时，两种证券之间的相关系数为（　　）。
   A. -1　　　　B. 0　　　　C. 1　　　　D. 大于1

26. 以下不属于风险调整后收益指标的是（　　）。
   A. 夏普比率　　　　B. 信息比率　　　　C. 特雷诺比率　　　　D. 速动比率

27. 下列关于封闭式基金的利润分配的说法错误的是（　　）。
   A. 封闭式基金的收益分配，每年不得少于一次
   B. 封闭式基金只能采用现金分红
   C. 基金收益分配后基金份额净值不得低于面值
   D. 封闭式基金年度收益分配比例不得高于基金年度可供分配利润的90%

28. 关于货币市场基金的利润分配的说法，错误的选项是（　　）。
   A. 每周一至周四进行分配时，则仅对当日利润进行分配
   B. 节假日的利润计算基本与在周五申购或赎回的情况相同
   C. 当日申购的基金份额自当日起享有基金的分配权益
   D. 货币市场基金每周五进行分配时，将同时分配周六和周日的利润

29. 关于另类投资的优点，以下说法正确的是（　　）。
   A. 价格反映了其真实的价格　　　　B. 信息透明度高
   C. 变现能力强，流动性高　　　　D. 可以通过多元化配置，分散风险

30. 寿险公司通过人寿保险业务吸纳的保费具有（　　）的投资期限，通过可以投资于风险较（　　）的资产。
   A. 较长；低　　　　B. 较短；高　　　　C. 较长；高　　　　D. 较短；低

31. 基金公司管理基金投资的最高决策机构和需要执行最严格保密要求的部门分别是（　　）。
   A. 投资决策委员会和交易部　　　　B. 投资部和交易部
   C. 投资部和研究部　　　　D. 投资决策委员会和研究部

32. 假设资产1的预期收益率为5%，标准差为7%，资产2的预期收益率为8%，标准差为12%，两个资产的相关系数为1，假设按资产1占40%，资产2占60%的比例构建投资组合，则组合的预期收益率和标准差分别为（　　）。
   A. 2.8%，4.4%　　　　B. 2.8%，10%
   C. 6.8%，4.4%　　　　D. 6.8%，10%

33. 关于做市商和经纪人的作用，以下表述正确的是（　　）。
   A. 做市商和经纪人都可以代客买卖证券，获取佣金收入
   B. 做市商和经纪人在证券市场上发挥的作用不同，不可能共同完成证券交易
   C. 做市商和经纪人的利润主要来自于证券买卖差价
   D. 做市商是市场流动性的主要参与者，经纪人是投资者买卖指令的执行者

34. 2013年9月6日，首批（　　）正式在中国金融期货交易所推出。
   A. 沪深300指数期货合约　　　　B. 10年期国债期货合约
   C. 5年期国债期货合约　　　　D. 沪深500指数期货合约

35. 浮动利率债券通常是在一个基准利率基础上加上（　　）以反映不同债券发行人的信用。
   A. 利率　　　　B. 基点　　　　C. 利差　　　　D. 利息

36. 关于债券基金的利率风险，下列说法不正确的是（　　）。
   A. 债券基金的久期越长，债券基金的利率风险越低
   B. 当市场利率上升时，大部分债券的价格会下降
   C. 当市场利率下跌时，债券的价格通常会上涨
   D. 债券的价格与市场利率变动密切相关，且呈反方向变动

37. 以下基金利润来源中属于其他收入的是（　　）。
   A. 公允价值变动损益　　　　B. 资产支持证券投资收益
   C. 买入返售金融资产收入　　　　D. 赎回扣除基本手续费后的余额

38. 在剩余财产的清算和股利分配时，（　　）的索取权排在最后。
   A. 非累计优先股　　　　B. 累计优先股　　　　C. 普通股　　　　D. 资本性债券

39. 基金的存款利息收入计提方式为（　　）。
   A. 按周计提　　　　B. 按月计提　　　　C. 按季计提　　　　D. 按日计提

40. 证券交易所的组织形式大致可以分为两类，即公司制和（　　）。
   A. 经纪制　　　　B. 会员制　　　　C. 合伙制　　　　D. 股份制

41. 以下选项中关于道氏理论和趋势的说法，错误的是（　　）。
   A. 短期趋势能够较好的预测，唯有投机交易者才会重点考虑
   B. 中期趋势对于投资者较为次要，是投机者的主要考虑因素，它与长期趋势的方向可能相同，也可能相反
   C. 长期趋势最为重要，也最容易被辨认，它是投资者主要的观察对象
   D. 道氏理论最成功的案例是1929年纽约股市崩盘前1个月，给出了306点的一个卖出信号；直到市场出现很好的调整后，在1933年给出了84点的一个买入信号

42. 关于市盈率和市净率的说法,错误的是( )。
   A. 对于普通股而言,投资者应得到的回报是公司的净收益
   B. 市盈率指标表示股票价格和每股收益的比率,该指标揭示了盈余和股价之间的关系,公式表达为市盈率(P/E)=每股价格÷每股收益(年化)
   C. 当前市净率的高低,表明投资者对该股票未来价值的主要观点
   D. 每股净资产通常是一个累积的正值,因此市净率也适用于经营暂时陷入困难的以及有破产风险的公司

43. 下列选项中关于风险投资,说法错误的是( )。
   A. 初创型企业有大量员工,所以基本上不存在收益
   B. 风险投资被认为是私募股权投资中处于高风险领域的战略
   C. 风险资本的主要目的并不是为了取得对企业的长久控制权以及获得企业的利润分配,而在于通过资本的退出,从股权增值当中获取高回报
   D. 风险投资一般采用股权形式将资金投入提供具有创新性的专门产品或服务的初创型企业

44. 下列选项中不属于私募股权投资的退出机制的选项是( )。
   A. 持续经营   B. 借壳上市   C. 买壳上市   D. 首次公开发行

45. 下列选项中不属于投资者和证券公司之间股票收益互换的是( )。
   A. 固定利率和股票收益的互换   B. 股票收益和固定利率的互换
   C. 固定利率和固定利率的互换   D. 股票收益和股票收益的互换

46. 关于基金的业绩评价,下面四个指标中涉及业绩比较基准的风险调整分析指标是( )。
   A. 信息比率   B. 詹森阿尔法(α)   C. 特雷诺比率   D. 夏普比率

47. 中国场内股票交易产生过户费,其最终收取机构是( )。
   A. 证券交易所   B. 证券结算风险基金
   C. 中国证监会   D. 中国证券登记结算有限公司

48. 关于基金估值责任,以下描述错误的是( )。
   A. 基金托管人对基金管理人的估值结果负有复核责任
   B. 基金估值工作小组成立的目的是针对活跃市场上有市价的投资品种提出具体估值意见
   C. 为提高基金资产估值的合理性和可靠性,基金业协会成立基金估值工作小组
   D. 基金管理人和基金托管人参考基金估值工作小组的估值指导意见,不可免除其相应估值责任

49. 对于基金投资者而言,下列基金投资收入中目前需要征收所得税的是( )。
   A. 从基金分配中取得的收入
   B. 个人申购和赎回基金份额取得的差价收入
   C. 机构买卖基金份额获得的差价收入
   D. 个人买卖基金份额获得的差价收入

50. 关于信托型基金的参与主体,以下表述中错误的是( )。
   A. 信托型基金的参与主体主要是基金投资者与基金托管人
   B. 基金投资者通过购买基金份额,享有基金投资收益
   C. 基金管理人依据法律、法规和基金合同负责基金的经营和管理操作
   D. 基金托管人负责保管基金资产,执行管理人有关指令,办理基金名下的资金往来

51. 印花税是根据《中华人民共和国印花税暂行条例》规定,在A股和B股成交后对买卖双方投资者按照规定的税率分别征收的税金,2008年9月19日,证券交易印花税只对出让方按( )‰征收,对受让方不再征收。
   A. 1   B. 2   C. 4   D. 5

52. 基金财务会计报告分析的主要内容包括基金持仓结构分析,其中,股票投资占基金资产净值的比例为( )/基金资产净值。
   A. 股票价格   B. 股票面值   C. 股票投资   D. 股票内在价值

53. 当市场价格高于行权价格时,认购股权持有者行权,公司发行在外的股份( )。
   A. 不变   B. 减少   C. 增加   D. 相同

54. 开放式基金的收益分配默认为采用( )方式,持有人可以事先选择分红再投资,事先没有做出选择的,基金管理人应当支付现金。
   A. 现金   B. 分红再投资
   C. 现金和分红再投资   D. 现金或分红再投资

55. 关于基金份额的分拆的说法错误的是( )。
   A. 基金份额分拆是指在保证投资者的投资总额不发生改变的前提下,将一份基金按照一定的比例分拆成若干份,每一基金份额的单位净值也按相同比例降低,是对基金的资产进行重新计算的一种方式
   B. 基金份额分拆可以提高投资者对价格的敏感性,有利于基金持续营销
   C. 基金份额分拆可以降低投资者对价格的敏感性,有利于改善基金份额持有人结构
   D. 基金进行分拆也可以降低基金单位净值,事实上基金的分拆类似于基金分红中红利再投资的模式

56. 中外合资基金管理公司的境外股东应当具备一定条件,例如,外资持股比例上限为不超过( )%,香港特别行政区、澳门特别行政区和台湾地区的投资机构比照适用前款规定,但其中港资持股比例可达( )%以上。
   A. 49;51   B. 33;49   C. 49;50   D. 50;49

57. 投资者进行金融衍生工具交易时,要想获得交易的成功,必须对利率、汇率、股价等因素的未来趋势作出判断,这是衍生工具的( )所决定的。
   A. 投机性   B. 杠杆性   C. 风险性   D. 跨期性

58. 投资本金20万元,在年复利5.5%情况下,大约需要( )年可使本金达到40万元。
   A. 13.09   B. 14.4   C. 13.5   D. 14.21

59. 市场基本达到饱和,产品标准化,市场份额趋于稳定,边际利润逐渐降低,利润增长缓慢甚至停滞。这是处于行业生命周期的( )。
   A. 初创期   B. 成熟期   C. 成长期   D. 衰退期

60. "自上而下"的层析分析法的第三步是( )。
   A. 行业分析   B. 宏观经济分析
   C. 公司内在价值与市场价格   D. 经济周期

61. ( )指某一特定时期内在本国或本地区领土上所生产的产品和提供的劳务总值之和,是衡量整体经济活动的总量指标。
   A. 利率   B. 汇率   C. 国内生产总值   D. 财政预算

62. 投资者的投资目标和投资限制被确定下来后,投资管理人的下一个任务是( )。
    A. 形成资本市场预期   B. 建立战略资产配置
    C. 制定投资政策说明书   D. 投资执行

63. 以下关于资产负债表的说法,错误的是( )。
    A. 资产负债表也称为企业的"第一会计报表"
    B. 资产负债表反映了企业一定会计区间的财务状况,是企业经营管理活动结果的集中体现
    C. 所有者权益又称股东权益或净资产,是指企业总资产中扣除负债后余下的部分
    D. 资产部分表示企业所拥有的或掌握的,以及被其他企业所欠的各种资源或财产

64. 以下关于有效前沿的说法中错误的是( )。
    A. 是从全局最小方差开始的最小方差前沿的上半部分
    B. 是能够达到的最优的投资组合的集合
    C. 位于所有资产和资产组合的左上方
    D. 有效前沿上的投资组合是不完全分散化的投资组合

65. 经常用来反映数据一般水平的统计量指的是( )。
    A. 分位数   B. 中位数   C. 方差   D. 均值

66. 若 $\rho_{ij} = -1$,则表示 R_i 和 R_j( )。
    A. 零相关   B. 不确定   C. 完全正相关   D. 完全负相关

67. 现金流量表的基本结构不包括( )。
    A. 经营活动产生的现金流量   B. 投资活动产生的现金流量
    C. 筹资活动产生的现金流量   D. 合作贸易活动产生的现金流量

68. 以下关于债券到期收益率的说法错误的是( )。
    A. 水平收益曲线特征是长短期债券收益率基本相等
    B. 下降收益曲线显示的期限结构特征是短期债券收益率较高,而长期债券收益率较低
    C. 上升收益曲线显示的期限结构特征是短期债券收益率较高,而长期债券收益率较低
    D. 描述债券到期收益率和到期期限之间关系的曲线称为收益率曲线

69. 与其他指数基金一样,( )会不可避免地承担所跟踪指数面临的系统性风险。
    A. ETF   B. 混合基金   C. 股票基金   D. 债券基金

70. 以下选项中不属于私募股权广泛使用的战略包括( )。
    A. 风险投资   B. 成长权益   C. 并购投资   D. 另类投资

71. 对于 10,12,9,8,5,6,20,25,30,13 这样一组数据,其中位数为( )。
    A. 11   B. 10   C. 12   D. 6

72. 以下属于进行资产配置主要考虑的因素的是( )。
    Ⅰ. 资产的流动性特征与投资者的流动性要求相匹配的问题
    Ⅱ. 税收考虑
    Ⅲ. 影响投资者风险承受能力和收益要求的各项因素
    Ⅳ. 投资期限
    Ⅴ. 影响各类资产的风险、收益状况以及相关关系的资本市场环境因素
    A. Ⅰ、Ⅱ、Ⅲ、Ⅳ、Ⅴ   B. Ⅰ、Ⅱ、Ⅲ、Ⅳ
    C. Ⅰ、Ⅱ、Ⅲ、Ⅴ   D. Ⅰ、Ⅱ、Ⅳ、Ⅴ

73. 下列( )关于有效前沿的说法是错误的。
    A. 如果一个投资组合在所有风险相同的投资组合中具有最高的预期收益率,或者在所有预期收益率相同的投资组合中具有最低的风险,那么这个投资组合就是有效的
    B. 如果一个投资组合是有效的,那么投资者就无法找到另一个预期收益率更高且风险更低的投资组合
    C. 有效前沿是所有投资组合构成的集合
    D. 在一定的风险水平下,有效前沿上的投资组合期望收益率水平最高

74. 从一般意义上讲,( )是为了满足投资者风险与收益目标所做的长期资产的配比;是根据投资者的风险承受能力,对资产做出一种事前的、整体性的、最能满足投资者需求的规划和安排。
    A. 行业风格配置   B. 全球资产配置   C. 战略资产配置   D. 战术资产配置

75. 大额可转让定期存单的期限最短的是( )。
    A. 1 天   B. 14 天   C. 3 个月   D. 9 个月

76. 20 世纪 70 年代,美国芝加哥大学的教授尤金·法玛决定为市场有效性建立一套标准,法玛把信息划分为( )。
    Ⅰ. 历史信息   Ⅱ. 公开可得信息   Ⅲ. 内部信息   Ⅳ. 投资者信息
    A. Ⅱ、Ⅲ、Ⅳ   B. Ⅰ、Ⅲ、Ⅳ   C. Ⅰ、Ⅱ、Ⅲ   D. Ⅰ、Ⅱ、Ⅳ

77. 以下关于算法交易的说法错误的是( )。
    A. 算法交易对市场冲击没有影响
    B. 算法交易提高了交易的执行效率
    C. 算法交易能确保复杂的交易及投资策略得以执行
    D. 可以在较长时期内观察其有效性和可复制性

78. 关于普通股和优先股,以下说法错误的是( )。
    A. 普通股和优先股都有收益权
    B. 优先股股东的权利受限制的
    C. 普通股股利不固定,在公司盈利情况很好时可以不分配
    D. 在公司剩余财产分配和表决权上优先股都有优先权

79. 债券可依据不同的标准进行分类,按发行主体可分为( )。
    A. 金额债券、非金融债券   B. 国债、央票、可转换债券
    C. 政府债券、民间债券   D. 政府债券、金融债券、公司债券

80. 假设 A 证券的 β 系数为 1.2,B 证券的 β 系数为 0.9,以下说法正确的是( )。
    A. A 证券对市场指数的敏感性较强   B. B 证券对市场指数的敏感性较强
    C. A 证券所获得的收益较高   D. B 证券所获得的收益较高

81. 关于期货和期权的区别,以下表述正确的是( )。
    A. 买卖双方都要缴纳保证金   B. 期货和期权都具有杠杆效应
    C. 交易双方的损益都具有不对称性 D. 期货和期权都是双边合约

82. 关于投资政策说明书,以下表述错误的是( )。
    A. 投资政策说明书有助于合理评估投资管理人的投资业绩
    B. 制定投资政策说明书是进行投资组合管理的基础

C. 投资政策说明书在制定后不得变更
D. 投资政策说明书内容包括投资目标、投资限制、投资指导方针等

83. ( )是我国的证券登记结算机构，该公司在上海和深圳两地各设一家分公司。
   A. 中央登记公司　　B. 中国结算公司　　C. 国债登记公司　　D. 银行同业中心

84. 下列关于回转交易的说法错误的是( )。
   A. 证券的回转交易是指投资者买入的证券，经确认成交后，在交收完成前全部或部分卖出
   B. 债券竞价交易和权证交易实行当日回转交易
   C. B 股实行当日回转交易
   D. B 股实行次交易日起回转交易

85. 根据《上海证券交易所融资融券交易实施细则》，用于融资融券的标的证券为股票的，上海证券交易所规定其股东人数不少于( )人。
   A. 1000　　B. 2000　　C. 3000　　D. 4000

86. 当上市公司实施送股、配股或派息时，每股股票所代表的企业实际价值就可能减少，因此需要在发生该事实之后从股票市场价格中剔除这部分因素，因送股或配股而形成的剔除行为称为( )，因派息而引起的剔除行为称为( )。
   A. 除息；除权　　　　　　B. 除权；除息
   C. 配股；分红　　　　　　D. 除权除息；除息除权

87. ( )原则又称款券两讫或钱货两清原则，是指证券登记结算机构与结算参与人在交收过程中，当且仅当资金交付时给付证券，证券交付时给付资金。通俗地说，就是"一手交钱，一手交货"。
   A. 净额清算　　B. 货银对付　　C. 共同对手方制度　　D. 分级结算

88. 下列不属于银行间债券市场的交易品种的选项是( )。
   A. 债券　　B. 期货　　C. 回购　　D. 远期交易

89. 根据马可维茨的投资组合理论，在识别有效投资组合时，不需要考虑的是( )。
   A. 每种证券与其他证券之间的相互关系　　B. 每种证券期望收益率的方差
   C. 投资者对每种证券的偏好　　　　　　D. 每种证券的期望收益率

90. 关于 β 系数，以下说法正确的是( )。
   A. 单个证券的 β 系数大于1，代表该证券的价格变动幅度比能够代表市场变动的指数变动幅度更大
   B. β 系数的计算主要依赖于对其输入值的预测
   C. β 系数越高证明基金管理人的投资能力越高
   D. 作为衡量单个证券对市场变化敏感度的指标，β 系数不能用于计算证券组合未来面临的市场风险状况

91. 不属于衍生工具的特点的是( )。
   A. 跨期性　　B. 杠杆性　　C. 确定性　　D. 联动性

92. 某投资者将其资金分别投向A、B、C三只股票，占总资金的比重分别为40%、40%、20%；股票A、B、C的期望收益率分别为 $R_A = 14\%$、$R_B = 20\%$、$R_C = 8\%$；则该股票组合的收益率为( )。
   A. 14.5%　　B. 15.5%　　C. 15.2%　　D. 16.1%

93. 基金股票换手率通过对基金买卖股票频率的衡量，反映基金的操作策略，基金股票换手率=（期间基金股票交易量÷2）÷期间基金平均资产净值，如果一只股票基金的年周转率为( )，意味着该基金持有股票的平均时间为1年。
   A. 20%　　B. 50%　　C. 100%　　D. 80%

94. 通常可以用 β 系数的大小衡量一只股票基金面临的市场风险的大小，如果股票指数上涨或下跌1%，某基金的净值增长率上涨或下跌1%，β 系数为( )。
   A. 1　　B. 0.5　　C. 0　　D. 2

95. 市盈率用公式表达为( )。
   A. 市盈率 = 每股市价 ÷ 每股净资产
   B. 市盈率 = 股票市价 ÷ 销售收入
   C. 市盈率 = 每股收益（年化）÷ 每股市价
   D. 市盈率 = 每股市价 ÷ 每股收益（年化）

96. 在下行标准差的计算公式中，期数 n 代表( )。
   A. 基金收益率大于投资预期收益率的期数
   B. 投资期限
   C. 基金收益率小于目标收益率的期数
   D. 基金收益率小于投资者预期收益率的期数

97. 如果某基金实际的直接买卖开支无法从综合费用中确定并分离出来，遵循全球投资业绩标准（GIPS）的要求，下列做法中正确的是( )。
   Ⅰ. 在计算未扣除费用收益时，必须从收益中减去全部综合费用或综合费用中包含直接买卖开支的部分
   Ⅱ. 在计算未扣除费用收益时，须从收益中减去估计的买卖开支
   Ⅲ. 在计算已扣除费用收益时，必须从收益中减去全部综合费用或综合费用中包含直接买卖开支及投资管理费用的部分
   A. 只有Ⅰ　　B. Ⅰ、Ⅲ　　C. 只有Ⅱ　　D. Ⅰ、Ⅱ

98. 关于证券和资金结算实行分级结算原则，下列说法中不正确的是( )。
   A. 结算参与人负责办理结算参与人与客户之间的清算交收
   B. 结算参与人与其客户的证券划付，应当委托证券登记结算机构代为办理
   C. 证券登记结算机构负责证券登记结算机构与结算参与人之间的集中清算交收
   D. 证券登记结算机构直接办理证券登记结算机构与客户之间的清算交收

99. 下列不属于基础衍生工具的是( )。
   A. 远期合约　　　　　　B. 期权合约
   C. 结构化金融衍生工具　　D. 互换合约

100. 可以暂停估值的情形不包括( )。
   A. 基金投资所涉及的证券交易所遇法定节假日或因其他原因暂停营业时
   B. 因不可抗力或其他情形致使基金管理人、基金托管人无法准确评估基金资产价值时
   C. 占基金很小比例的投资品种的估值出现重大转变，而基金管理人为保障投资人的利益已决定延迟估值
   D. 如出现基金管理人认为属于紧急事故的任何情况，会导致基金管理人不能出售或评估基金资产的

《证券投资基金基础知识》真题试卷(四)

(考试题型均为单项选择题,共100小题,每小题1分,共100分)

1. 根据会计恒等式,资产负债表的基本逻辑关系是( )。
   A. 负债 = 所有者权益 + 资产
   B. 资产 = 所有者权益
   C. 资产 = 负债 + 所有者权益
   D. 所有者权益 = 负债 + 资产

2. 某公司2017年度资产负债表中,货币资金为600亿元,应收账款为200亿元,应收票据为200亿元,无形资产为50亿元,长期股权投资为20亿元,则应计入流动资产的金额为( )亿元。
   A. 1020   B. 1050   C. 1070   D. 1000

3. 某认购权证行权价格为5元,行权比例为1,标的证券价格为4元,权证价格为2元,该权证内在价值为( )元。
   A. 2   B. 0   C. 4   D. 1

4. 深圳市场,ETF申购/赎回的过户费按证券过户面值的( )向投资者收取,且对于债券ETF( )过户费。
   A. 0.25‰;收取   B. 0.5‰;收取   C. 0.25‰;不收取   D. 0.5‰;不收取

5. 可以反映投资风险水平的统计量是( )。
   A. 标准差   B. 中位数   C. 分位数   D. 均值

6. 甲公司2015年资产收益率为10%,负债权益比为1.5,则甲公司2015年的净资产收益率为( )。
   A. 25%   B. 15%   C. 20%   D. 30%

7. 关于权证行权的结算方式,以下说法正确的是( )。
   A. 只能是现金结算
   B. 认购结算为现金,认沽结算为证券
   C. 可以是证券给付或现金结算
   D. 只能是证券给付

8. 关于信息比率,下面说法错误的是( )。
   A. 信息比率是对相对收益率进行风险调整的分析指标
   B. 信息比率是单位跟踪误差所对应的超额收益
   C. 信息比率引进了业绩比较基准因素
   D. 信息比率是跟踪偏离度所对应的超额收益

9. 从2001年7月2日起,银行间债券市场现券交易采用的交易模式是( )。
   A. 净价交易   B. 全价交易   C. 溢价交易   D. 竞价交易

10. 我国证券投资基金的交易费用中,由证券公司向基金收取的是( )。
    A. 经手费   B. 证管费   C. 交易佣金   D. 印花税

11. 1985年12月20日,欧盟委员会通过了( ),标志着欧洲投资基金市场开始朝着一体化方向发展。
    A. AIFMD指令   B. UCITS指令
    C. 《证券监管目标和原则》   D. 《集合投资计划治理白皮书》

12. QFII主体资格认定中,对资产管理机构而言,其经营资产管理业务应在( )年以上,最近一个会计年度管理的证券资产不少于( )亿美元。
    A. 5;5   B. 2;10   C. 2;5   D. 5;50

13. ( )代表了迄今为止对包括对冲基金、私募股权基金在内的众多另类投资基金最严格的监管立法。
    A. EFSI管理规则   B. AIFMD   C. UCITS   D. CERCLA

14. 目前,中外合资基金管理公司外资持股上限为不超过( )。
    A. 10%   B. 20%   C. 49%   D. 51%

15. A证券的预期收益率为10%,B证券的预期收益率为20%,A证券和B证券占投资组合的比重分别为40%和60%,该投资组合的期望收益率为( )。
    A. 16%   B. 30%   C. 15%   D. 25%

16. 在金融市场上,以股票为例,当没有任何决定性的消息发布的时候,股价走势很多时候呈现出"随机游走"的特点,这里的"随机游走"就是指股价的波动值服从( )。
    A. 正态分布   B. 分位数   C. 中位数   D. 随机变量

17. 以下关于回购的说法正确的是( )。
    A. 质押式回购虽然历史很长,但买断式回购为主要交易品种
    B. 买断式回购是指出售的国债的所有权转移给国债的受让方(正回购方),受让方有权处置该国债,只需在到期日按约定价格回售先前的国债
    C. 质押式回购是指质押的国债的所有权仍属于国债的出让方(正回购方),受让方(逆回购方)无权处置,国债被证券交易中心冻结
    D. 按逆回购方是否有权处置回购标的国债划分,国债回购可以分为质押式回购(开放式回购)和买断式回购

18. 以下不属于短期政府债券的特点是( )。
    A. 利息免税   B. 流动性强   C. 违约风险小   D. 收益率较高

19. 某种附息国债面额为100元,票面利率为10%,市场利率为8%,期限为2年,每年付息1次,则该国债的内在价值为( )元。
    A. 99.3   B. 100   C. 99.8   D. 103.57

20. 关于债券价格、票面利率、当期收益率和到期收益率,以下错误的描述是( )。
    A. 当期收益率是债券的年利息收入与债券当前的市场价格的利率,当期收益率可能等于到期收益率
    B. 债券市场价格越偏离债券面值,期限越短,则当期收益率就越偏离到期收益率
    C. 票面利率是债券上标识的利率,即一年的利息与债券面值的比例,其他条件不变时,票面利率和债券到期收益率呈反方向增减
    D. 到期收益率是可以使投资购买债券获得的未来现金流的现值等于当前价格的贴现率,其他条件不变时,到期收益率与债券价格反向变动

21. 下列关于资本资产定价模型的说法错误的是( )。
   A. 资本资产定价模型(CAPM)以马可维茨证券组合理论为基础,研究如果投资者都按照分散化的理念去投资,最终证券市场达到均衡时,价格和收益率如何决定的问题
   B. 资本资产定价模型认为只有证券或证券组合的系统性风险才能获得收益补偿,其非系统性风险将得不到收益补偿
   C. 现实中并不是所有的投资者都会完全按照分散化的理念去投资
   D. 投资者要想获得更高的报酬,必须承担更高的系统性风险;承担额外的非系统性风险将会给投资者带来收益

22. 以下选项中属于权证的基本要素的是( )。
   Ⅰ.权证类别 Ⅱ.标的资产 Ⅲ.存续时间 Ⅳ.行权价格 Ⅴ.行权比例
   A. Ⅱ、Ⅲ、Ⅳ、Ⅴ   B. Ⅰ、Ⅲ、Ⅳ、Ⅴ   C. Ⅰ、Ⅱ、Ⅲ、Ⅳ、Ⅴ   D. Ⅰ、Ⅱ、Ⅳ、Ⅴ

23. 关于衍生工具,以下表述正确的是( )。
   A. 并非所有的衍生工具规定一个合约到期日
   B. 衍生工具都要求实物交割
   C. 衍生工具的交割价格通常取决于未来标的资产市场价格的波动程度
   D. 所有的衍生品合约都有基础标的物

24. 一个60岁的投资者当前有70万元现金,测评结果显示他属于风险厌恶型投资者,不适合进入他的投资组合的金融产品是( )。
   A. 货币基金   B. 保本基金   C. 股票型基金   D. 债券基金

25. 下列说法不符合投资理论基本假设的是( )。
   A. 两者相同收益率的证券,投资者必然选择风险较小的
   B. 两者不同风险的证券,投资者必然选择收益率较大的
   C. 投资者接受风险必定要求收益补偿
   D. 投资者既希望风险小又要求高收益

26. 李先生拟在5年后用200000元购买一辆车,银行年复利率为12%,李先生现在应存入银行( )元。
   A. 120000   B. 134320   C. 150000   D. 113485

27. 下列属于流动资产的是( )。
   A. 应收账款   B. 应付票据   C. 短期借款   D. 应付账款

28. ( )是股票最基本的特征。
   A. 收益性   B. 风险性   C. 流动性   D. 永久性

29. ( )近似于看涨期权,行权时其持有人可按照约定的价格购买约定数量的标的资产。
   A. 认购权证   B. 认沽权证   C. 认股权证   D. 备兑权证

30. 下列不属于股利贴现模型的是( )。
   A. 零增长模型   B. 不变增长模型
   C. 多元增长模型   D. 超额收益贴现模型

31. 每个合格投资者只能委托( )个托管人,并可以更换托管人。
   A. 5   B. 3   C. 2   D. 1

32. 金融期货中率先出现的是( )。
   A. 股票指数期货   B. 利率期货   C. 外汇期货   D. 股票期货

33. 基金管理公司申请到香港特区设立机构,应满足最近( )年内没有因违法违规行为受到行政处罚或者刑事处罚的基本条件。
   A. 1   B. 2   C. 3   D. 4

34. 下列不属于私募股权投资广泛使用的战略的是( )。
   A. 成长权益   B. 风险投资
   C. 危机投资   D. 私募股权一级市场投资

35. 纽约商品交易所的石油合约以( )桶为最小交易单位,芝加哥商品交易所的小麦以( )蒲式耳为最小交易单位。
   A. 500;1000   B. 1000;5000
   C. 500;5000   D. 5000;1000

36. 以下属于为准确、及时进行基金估值和份额净值计价的措施包括( )。
   Ⅰ.制定基金估值和份额净值计价的业务管理制度,明确基金估值的程序和技术
   Ⅱ.建立估值委员会,健全估值决策体系
   Ⅲ.使用可靠的估值业务系统
   Ⅳ.确保估值人员熟悉各类投资品种的估值原则及具体估值程序
   Ⅴ.完善相关风险监测、控制和报告机制
   A. Ⅰ、Ⅱ、Ⅲ、Ⅳ、Ⅴ   B. Ⅰ、Ⅱ、Ⅲ、Ⅳ   C. Ⅰ、Ⅱ、Ⅲ、Ⅴ   D. Ⅰ、Ⅱ、Ⅳ、Ⅴ

37. 下列关于QDII基金风险管理说法,不正确的是( )。
   A. 相对投资于国内市场的基金,QDII存在特别的外汇风险、特定市场风险等
   B. 由于QDII基金涉及跨境交易,基金申购、赎回的时间要短于国内其他基金
   C. QDII基金经理需要特别关注汇率变动可能对基金净值造成的影响,定期评估汇率走向并调整基金持有资产的币别和权重,必要时可采用外汇远期、外汇掉期等金融工具对冲汇率风险
   D. 跨境投资需要考虑当地的资本利得税、代扣所得税、税收征管要求等事项,尤其是美国FATCA法案等要求

38. 以下关于最大回撤的说法中错误的是( )。
   A. 可以在任何历史区间做测度
   B. 用于衡量投资管理人对下行风险的控制能力
   C. 指定区间越短,这个指标越不利
   D. 指标的缺点是只能衡量损失的大小,而不能衡量损失发生的可能频率

39. 夏普指数、特雷诺指数、詹森指数与CAPM之间的关系是( )。
   A. 三种指数均以CAPM模型为基础   B. 詹森指数不以CAPM为基础
   C. 夏普指数不以CAPM为基础   D. 特雷诺指数不以CAPM为基础

40. 监管机构可以采取( )监管措施,确保投资者的合法权益。
   A. 提供自发性协助   B. 保护客户资产
   C. 对证券投资基金管理人进行实地检查   D. 以上说法都正确

41. 基金管理公司应当按相关规定对其香港特区发生的重大事项及时向( )报告。
   A. 公司经营所在地中国证监会派出机构   B. 公司注册地中国证监会派出机构
   C. 香港证券及期货事务监察委员会   D. 以上内容都包括

42. 以下关于做市商和经纪人的区别,说法错误的是( )。
    A. 两者对市场流动性的贡献不同　　B. 两者的利润来源不同
    C. 做市商不能充当经纪人的角色　　D. 两者的市场角色不同

43. 关于风险价值,下列表述错误的是( )。
    A. 最常用的 VaR 估算方法有 3 种:参数法、内部模型法和蒙特卡洛模拟法
    B. VaR 又称在险价值
    C. VaR 的考察区间通常很短
    D. VaR 已成为计量市场风险的主要指标

44. ( )是指在保证投资者的投资总额不发生改变的前提下,将一份基金按照一定的比例分拆成若干份,每一基金份额的单位净值也按相同比例降低,是对基金的资产进行重新计算的一种方式。
    A. 份额投资　　B. 现金分红　　C. 基金份额分拆　　D. 分红再投资

45. 关于 QFII 投资范围的说法,下列说法错误的是( )。
    A. 在银行间债券市场交易的固定收益产品
    B. 证券投资基金
    C. B 股
    D. 在证券交易所交易或转让的股票、债券和权证

46. ( )是反映远期利率的有效途径,它的水平和斜率反映了经济主体对未来通货膨胀的预期和对未来基本经济形势的判断。
    A. 价格消费曲线　　B. 菲利普斯曲线　　C. 国债收益率曲线　　D. 洛伦兹曲线

47. 投资管理人可以根据压力测试的结果采取措施包括( )。
    Ⅰ. 暂停申赎　　　　　　Ⅱ. 实施应急预案
    Ⅲ. 调整产品持仓结构　　Ⅳ. 变更投资标的
    A. Ⅰ、Ⅱ、Ⅲ　　B. Ⅰ、Ⅱ、Ⅳ　　C. Ⅰ、Ⅲ、Ⅳ　　D. Ⅰ、Ⅱ、Ⅲ、Ⅳ

48. 关于货币市场基金的说法,不正确的是( )。
    A. 最近 7 日年化收益率是收益分析的重要指标
    B. 货币市场基金的风险很小,是短期投资的良好选择
    C. 我国法规要求货币市场基金投资组合的平均剩余期限在每个交易日不得超过 397 天
    D. 货币市场基金债券正回购的资金余额不得超过净资产的 20%

49. 相关系数的大小范围为( )。
    A. 0 和 1 之间　　B. +1 和 -1 之间　　C. -1 和 0 之间　　D. 1 到正无穷

50. 下列不属于金融衍生工具的是( )。
    A. 金融远期合约　　B. 金融互换　　C. 金融期权　　D. 金融债券

51. 某基金的份额净值在第一年年初时为 1 元,到了年底基金份额净值达到 2 元,但时隔一年,在第二年年末它又跌回到了 1 元。假定这期间基金没有分红,则该基金的几何平均收益率为( )。
    A. 10　　B. 5　　C. 0　　D. 15

52. 下列 UCITS 三号指令对基金管理公司提出的最低资本要求中,说法错误的是( )。
    A. 管理公司的起始资本不能低于 12.5 万欧元
    B. 资本在任何情况下不能低于 13 周的"固定经营成本"
    C. 管理资产超过 2.5 亿欧元时,管理公司资本应增加相当于管理资产 0.02% 的资本
    D. ABC 选项都有错误

53. 以下不属于基金利润来源中利息收入的选项是( )。
    A. 银行贷款利息收入　　B. 存款利息收入
    C. 债券利息收入　　D. 买入返售金融资产收入

54. UCITS 基金持有人是以( )进行申购和赎回。
    A. 基金单位净值　　B. 基金累计份额净值
    C. 基金所有者权益　　D. 基金资产总值

55. 下列不属于对投资者管理能力评价的是( )。
    A. 业绩度量　　B. 业绩归因　　C. 绩效评估　　D. 风险价值

56. 下列关于政府债券的说法错误的是( )。
    A. 地方政府债券包括由中央财政代理发行和地方政府自主发行的债券
    B. 政府债券是由银行和其他金融机构经特别批准而发行的债券
    C. 国债是财政部代表中央政府发行的债券
    D. 政府债券是政府为筹集资金而向投资者出具并承诺在一定时期支付利息和偿还本金的债务凭证

57. 已知某债券久期为 5.5,市场利率是 10%,则修正的麦考利久期为( )。
    A. 3　　B. 5　　C. 6　　D. 8

58. 某基金 2017 年的平均收益率为 10%,该年市场无风险收益率为 2%,该基金的收益率标准差为 10%,则该基金的夏普比率为( )。
    A. 0.4　　B. 1.0　　C. 0.6　　D. 0.8

59. 银行间公开市场一级交易商是指中国人民银行根据规定遴选符合条件的债券二级市场参与者作为( )的对手,与之进行债券交易。
    A. 上海清算所　　B. 中国人民银行
    C. 财政部　　D. 中央结算公司

60. 有关银行间债券市场的回购,以下表述不正确的是( )。
    A. 买断式回购期内,正回购方可以使用该笔债券
    B. 买断式回购的期限最长不得超过 91 天
    C. 质押式回购是交易双方进行的以债券为权利质押的一种短期资金融通业务
    D. 质押冻结期间债券的利息归出质人所有

61. 基金管理人和基金托管人在计算的基金资产净值存在分歧时,应该采取的处理方式是( )。
    A. 暂停公布净值,直到相关各方达成一致
    B. 按照中国证券投资基金业协会的计算结果对外予以公布
    C. 托管人有义务要求基金管理人做出合理解释,通过积极商讨达成一致意见
    D. 按照基金估值工作小组的计算结果对外予以公布

62. 基金业协会估值工作小组针对长期停牌股票的估值技术,提出的 4 种方法不包括( )。
    A. 可比公司法　　B. 市场价格模型法
    C. 指数收益法　　D. 最近一个交易日的收盘价

63. 保证金制度,就是指在期货交易中,任何交易者必须按其所买入或者卖出期货合约价值的一定比例交纳资金,这个比例通常在( )。
   A. 5%~10%   B. 3%~8%   C. 3%~5%   D. 10%~15%

64. 下列关于全球投资业绩标准对于收益率计算条款不包括( )。
   A. 不同期间的回报率必须以算数平均方式相连接
   B. 必须采用经现金流调整后的时间加权收益率
   C. 投资组合的收益必须以期初资产值加权计算,或采用其他能反映期初价值及对外现金流的方法
   D. 必须采用总收益率,即包括实现的和未实现的回报以及损失并加上收入

65. 某公司分派红利,采取每10股送3股,配股价格为10元,派4元红利的分配方案;除权前一日该公司股票收盘价15元,除权当日该股票收盘价为12元,计算除权当日该股票的开盘参考价格为( )元。
   A. 11   B. 10.8   C. 19   D. 5

66. 下列关于场内证券交易结算原则的说法错误的是( )。
   A. 货银对付   B. 法人结算   C. 分级结算   D. 结算参与人

67. 下列选项中属于亚洲主要证券交易所的是( )。
   A. 泰国证券交易所   B. 新加坡证券交易所   C. 河内证券交易所   D. 吉隆坡证券交易所

68. ( )按基金合同规定的估值方法、时间、程序对基金管理人的计算结果进行复核,复核无误后签章返回给基金管理人,由基金管理人对外公布,并由基金注册登记机构根据确认的基金份额净值计算申购、赎回数额。
   A. 基金管理人   B. 证监会   C. 基金业协会   D. 基金托管人

69. 假设某封闭式基金7月18日的基金资产净值为35000万元人民币,7月19日的基金资产净值为35125万元人民币,该股票基金的基金管理费率为0.25%,该年实际天数为365天。则该基金7月19日应计提的托管费为( )万元。
   A. 0.2012   B. 0.2212   C. 0.2397   D. 0.3012

70. 债券回购( )和书面形式回购合同(包括同业中心交易系统生成的成交单、电报、电传、传真、合同书和信件等)构成回购交易的完整合同。
   A. 成交记录   B. 委托单   C. 主协议   D. 交易指令

71. 对于每日按照面值进行报价的货币市场基金,可以在基金合同中将收益分配的方式约定为( ),并应当每日进行收益分配。
   A. 份额投资   B. 现金分红   C. 基金份额分拆   D. 分红再投资

72. QFII持股比例受到限制,例如单个境外投资者通过合格投资者持有一家上市公司股票的,持股比例不得超过该公司股份总数的( )。
   A. 3%   B. 5%   C. 10%   D. 15%

73. 关于证券公司设立QFII的说法,下列说法错误的是( )。
   A. 经营证券业务5年以上
   B. 净资产不少于5亿美元
   C. 成立2年以上
   D. 最近一个会计年度管理的证券资产不少于50亿美元

74. 股票交易实际上是对未来收益权的( ),股票价格就是对未来收益的评定。
   A. 买卖   B. 转让   C. 转让买卖   D. 预测评估

75. ( )是银行发行的具有固定期限和一定利率的,可以在二级市场转让的金融工具。
   A. 银行承兑汇票   B. 商业票据
   C. 大额可转让定期存单   D. 同业存单

76. 资产负债表的作用不包括( )。
   A. 资产负债表可以为收益把关
   B. 资产负债表上的资源为分析收入来源性质及其稳定性提供了基础
   C. 资产负债表列出了企业占有资源的数量和性质
   D. 资产负债表可以反映企业投入与产出的关系

77. 按回购期限划分,以下属于回购协议的主要类型的是( )。
   A. 168天   B. 21天   C. 91天   D. 84天

78. 以下选项中不属于远期合约、期货合约、期权合约和互换合约的区别的是( )。
   A. 交易场所不同   B. 信用风险不同   C. 投资方式不同   D. 执行方式不同

79. 私募股权投资基金通常分为3种组织形式,以下( )不属于私募股权投资基金的组织结构。
   A. 合伙制   B. 会员制   C. 公司制   D. 信托制

80. 认为投资者应购买并持有近期走势明显强于大盘指数的股票,也就是说要购买强势股的理论根据是( )。
   A. 道氏理论   B. 过滤法则   C. 相对强度理论体系   D. 量化理论体系

81. 国内证券交易所进行证券交收时,分成中国结算公司上海分公司和中国结算公司深圳分公司与结算参与人的证券交收以及结算参与人与客户之间的证券交收,这个交收制度体现了( )。
   A. 货银对付原则   B. 净额结算原则   C. 共同对手方原则   D. 分级结算原则

82. 以下关于对QFII投资额度的规定的说法错误的是( )。
   A. 国家外汇管理局对单家合格投资者投资额度实行备案和审批管理
   B. 超过基础额度的投资额度申请,须经国家外汇管理局批准
   C. 合格投资者需要通过国家外汇管理局批准,获取基础额度的投资额度
   D. 境外主权基金、央行及货币当局等机构的投资额度不受资产规模比例限制,可根据其投资境内证券市场的需要获取相应的投资额度

83. 以下关于现金流量表的表述,错误的是( )。
   A. 现金流量是以权责发生制为基础编制的,而非根据收付实现制(即实际现金量和现金流出)为基础编制的
   B. 现金流量表的作用,包括反应企业的现金流量,评价企业为了产生现金净流量的能力
   C. 现金流量,所表达的是企业在特定会计期间内现金(包含现金等价物)的增减变动等情形
   D. 分析现金流量表,有助于投资者估计今后企业的偿债能力、获取现金的能力、创造现金流量的能力和支付股利的能力

84. 关于远期利率的说法,下列描述正确的是( )。
   A. 远期利率的起点在当前时刻
   B. 远期利率指隐含在给定的即期利率中从未来的某一时点到另一时点的利率水平

C. 远期利率指从即期开始未来一段时间的利率
D. 远期利率和即期利率的区别在于他们所计算的利率时间周期不同

85. 市场参与者中，任何一只基金的远期交易净买入总余额不得超过其基金资产净值的（　　）。
   A. 10%　　　B. 20%　　　C. 50%　　　D. 100%

86. 我国开放式基金的估值频率是（　　）。
   A. 每个交易日　　B. 每两个交易日　　C. 每周　　D. 没有明确的规定

87. （　　）在充分征求行业意见并向中国证监会报备后，对没有活跃市场或在活跃市场不存在相同特征的资产或负债报价的投资品种提出估值指引。
   A. 基金管理公司　　　　　　B. 托管银行
   C. 基金估值工作小组　　　　D. 基金注册登记机构

88. 对证券投资基金从上市公司分配取得的股息红利所得，且持股期限在1个月以上至1年的，扣缴义务人在代扣代缴个人所得税时，暂减按（　　）计算应纳税所得额。
   A. 20%　　　B. 30%　　　C. 40%　　　D. 50%

89. 华泰公司原定将一笔银行存款偿付应付账款，先决定延缓偿付，而将这笔存款支付了新购入的存货，它对速动比率的影响是（　　）。
   A. 提高
   B. 下降
   C. 无影响
   D. 有影响，既不提高，也不下降

90. 估值方法的（　　）是指基金在进行资产估值时均应采取同样的估值方法，遵守同样的估值规则。
   A. 公开性　　B. 一致性　　C. 长期性　　D. 准确性

91. （　　），深港通下的股票正式开始交易，港股市场与内地市场互联互通再度升级。
   A. 2016年8月16日　B. 2016年12月5日　C. 2014年11月17日　D. 2014年10月16日

92. （　　）是指，一方主管机构未经他方主管机构的请求，将其所取得与他方主管机构有关的信息，主动提供给他方主管机构。
   A. 自发性协助　　B. 相互提供信息　　C. 自发性监管　　D. 自律监管

93. 以下反映投资组合市场风险的指标中属于基于收益率及方差的风险指标有（　　）。
   Ⅰ. 久期　　Ⅱ. 凸性　　Ⅲ. 波动率
   Ⅳ. 下行风险标准差　　Ⅴ. 回撤
   A. Ⅰ、Ⅱ、Ⅲ、Ⅳ　　B. Ⅰ、Ⅲ、Ⅳ、Ⅴ　　C. Ⅱ、Ⅲ、Ⅳ、Ⅴ　　D. Ⅲ、Ⅳ、Ⅴ

94. 利润表上半部分反映经营活动，下半部分反映非经营活动，其分界点是（　　）。
   A. 营业利润　　B. 利润总额　　C. 主营业务利润　　D. 净利润

95. 下列不属于技术分析假定的是（　　）。
   A. 历史会重演
   B. 市场行为涵盖一切信息
   C. 股价具有趋势性运动规律
   D. 股票的价格围绕价值波动

96. 下列（　　）指标克服了传统业绩衡量指标的缺陷，可以比较准确地反映上市公司在一定时期内为股东创造的价值。
   A. 市销率　　B. 经济附加值　　C. 市现率　　D. 市盈率

97. 关于相关系数，以下说法正确的是（　　）。
   A. 相关系数总处于0到+1之间
   B. 相关系数的大小体现两种证券收益率之间相关性的强弱
   C. 相关系数是从资产回报相关性的角度分析两种不同证券表现的联动性
   D. 当两个证券收益率的相关系数为0时，我们称这两者不完全相关

98. 某投资者持有5000份A基金，当前的基金份额净值为1.2元。假设A基金按1∶2的比例进行了分拆，下列选项中表述正确的是（　　）。
   A. A基金份额净值变为2.4元
   B. 该投资者持有的A基金资产变为3000元
   C. 该投资者持有的基金份额仍为5000份
   D. A基金的资产规模不变

99. 基金估值的第一责任主体是（　　）。
   A. 基金托管人　　　　　　B. 基金管理人
   C. 中国证监会　　　　　　D. 中国证券投资基金业协会

100. 关于申请合格境外机构投资者应当具备的条件，以下表述错误的是（　　）。
   A. 申请人近1年未受到监管机构的重大处罚
   B. 申请人的财务稳健，资信良好
   C. 如果是资产管理机构，其经营资产管理业务应在2年以上
   D. 申请人所在国家或者地区的证券监管机构必须已与中国证监会签订合作备忘录

《证券投资基金基础知识》真题试卷（五）

本试卷采用虚拟答题卡技术

考生扫描右侧二维码，可将答题选项填入虚拟答题卡中，题库系统自动整理错题，并生成完整的答案及解析。

（注：首次扫码后需先关注"未来金融网校"公众号）

（考试题型均为单项选择题，共100小题，每小题1分，共100分）

1. AIFMD规定私募股权投资基金收购公司（　　）内不允许通过分红、减持、赎回等形式进行资产转让。
   A. 2年　　　　B. 3年　　　　C. 5年　　　　D. 10年

2. 一只UCITS基金投资于同一机构发行的货币市场工具、银行存款或OTC衍生产品的资产总值不能超过基金资产的（　　）。
   A. 5%　　　　B. 10%　　　　C. 20%　　　　D. 30%

3. 目前，（　　）符合QDII可在境内募集资金进行境外投资管理。
   A. 基金管理公司　　　　B. 证券公司
   C. 商业银行等其他金融机构　　　　D. 以上选项都正确

4. 经合组织在2005年发表了（　　），提出该组织对新时期投资基金治理及监管的原则性建议。
   A.《集合投资实业监管原则》　　　　B.《集合投资计划治理白皮书》
   C.《证券集合投资机构经营标准规则》　　　　D.《证券监管目标和原则》

5. 如果两种资产的收益受到某些因素的共同影响，那么它们的波动会存在一定的联系；由于存在一系列同时影响多个资产收益的因素，大多数证券资产的收益之间会存在一定的相关性。这种说法（　　）。
   A. 正确　　　　B. 错误　　　　C. 部分正确　　　　D. 部分错误

6. 以下（　　）不属于投资债券的风险。
   A. 再投资风险　　　　B. 流动性风险　　　　C. 管理风险　　　　D. 通胀风险

7. 人民币合格境外机构投资者，简称为（　　）。
   A. RQFII　　　　B. QDII　　　　C. QFII　　　　D. RQDII

8. 股票可以依法自由地进行交易，体现了股票（　　）的特征。
   A. 参与性　　　　B. 收益性　　　　C. 流动性　　　　D. 交易性

9. 短期融资券由（　　）承销并采用（　　）的方式发行，通过市场招标确定发行利率。
   A. 证券公司；有担保　　B. 证券公司；无担保　　C. 商业银行；有担保　　D. 商业银行；无担保

10. 一般票据的贴现不超过（　　），贴现期从贴现日起计算至票据到期日。
    A. 5个月　　　　B. 6个月　　　　C. 1年　　　　D. 2年

11. 研究和发现股票的（　　），并将其与市场价格比较，进而决定投资策略是证券分析师的主要任务。
    A. 内在价值　　　　B. 账面价值　　　　C. 清算价值　　　　D. 票面价值

12. 标准普尔500指数是由标准普尔公司于（　　）年开始编制的。
    A. 1955　　　　B. 1956　　　　C. 1957　　　　D. 1958

13. 下列关于资本资产定价模型的基本假设，说法错误的是（　　）。
    A. 不存在交易费用及税金
    B. 所有的投资者都是风险厌恶者
    C. 所有投资者的投资期限都是相同的，并且不在投资期限内对投资组合做动态的调整
    D. 所有的投资都不能分割，且投资数量固定

14. 融资融券对于投资者的要求较高，目前大部分证券公司要求普通投资者开户时间须达到（　　）个月，且持有资金不得低于（　　）万元人民币。
    A. 12;50　　　　B. 12;100　　　　C. 18;50　　　　D. 18;100

15. 假设某基金在2015年12月3日的单位净值为1.4848元，2016年9月1日的单位净值为1.7886元。期间该基金曾于2016年2月28日每份额派发红利0.275元。该基金2016年2月27日（除息日前一天）的单位净值为1.8976元，则该基金在这段时间内的时间加权收益率为（　　）。
    A. 40.87%　　　　B. 48.07%　　　　C. 47.08%　　　　D. 48.70%

16. （　　）反映的是单位销售收入反映的股价水平。
    A. 市净率　　　　B. 市盈率　　　　C. 市销率　　　　D. 市现率

17. 市销率用公式表达为（　　）。
    A. 市销率＝每股市价÷每股净资产　　　　B. 市销率＝每股市价÷每股收益（年化）
    C. 市销率＝每股收益（年化）÷每股市价　　　　D. 市销率＝股票市价÷销售收入

18. （　　）是境内具有法人资格的非金融企业发行的，仅在银行间债券市场上流通的短期债务工具。
    A. 短期政府债券　　　　B. 短期融资券　　　　C. 回购协议　　　　D. 银行承兑汇票

19. 根据债券发行条款中是否规定在约定期限向债券持有人支付利息，不包括（　　）。
    A. 零息债券　　　　B. 政府债券　　　　C. 附息债券　　　　D. 息票累积债券

20. （　　）指期权的买方只有在期权到期日才能执行期权，既不能提前也不能推迟。
    A. 美式期权　　　　B. 看涨期权　　　　C. 欧式期权　　　　D. 看跌期权

21. 当货币市场基金前10名份额持有人的持有份额合计超过基金总份额的50%时，货币市场基金投资组合的平均剩余期限不得超过（　　）天，平均剩余存续期不得超过（　　）天。
    A. 90;180　　　　B. 60;120　　　　C. 60;180　　　　D. 90;120

22. 基金运作费指为保证基金正常运作而发生的应由基金承担的费用，包括审计费、律师费、上市年费、分红手续费、持有人大会费、开户费、银行汇划手续费等，当发生的基金运作费影响基金份额净值小数点后第（　　）位，应采用预提或待摊的方法计入基金损益。
    A. 1　　　　B. 2　　　　C. 4　　　　D. 3

23. UCITS指令的管辖中，东道国可以在（　　）方面行使管辖权。
    A. 监管　　　　B. 投资、销售
    C. 法律适用　　　　D. 基金销售及信息披露

24. 下列各项中，属于QDII基金投资范围的是（　　）。
    A. 房地产抵押按揭贷款　　　　B. 代表贵重金属的凭证
    C. 住房按揭支持证券　　　　D. 购买不动产

25. 股票的（　　），即在股票票面上标明的金额。
    A. 票面价值　　　　B. 内在价值　　　　C. 清算价值　　　　D. 账面价值

26. 某种贴现式国债面额为100元，贴现率为3.82%，到期时间为90天，则该国债的内在价值为（　　）元。
    A. 99.045　　　　B. 99.150　　　　C. 99.050　　　　D. 99.605

27. 以下关于期货市场的交易制度的说法,错误的是( )。
   A. 保证金制度 B. 盯市制度 C. 交割制度 D. 净额清算制度

28. 主动策略也称积极策略,即试图通过选择资产来跑赢市场。主动型投资者注重寻找被低估或高估的资产类别、行业或证券,也有的主动型投资者试图通过市场择时来获得超额收益;被动策略的投资者认为系统性地跑赢市场是不可能的,除了靠一时的运气战胜市场之外,所以通过复制市场基准的收益与风险,而不试图跑赢市场的策略。这种说法( )。
   A. 错误 B. 正确 C. 部分正确 D. 部分错误

29. 股价指数编制方法通常不包括( )。
   A. 分层复制 B. 抽样复制 C. 优化复制 D. 完全复制

30. 市场风险是指基金投资行为受到宏观政治、经济、社会等环境因素对证券价格所造成的影响而面对的风险,不包括( )。
   A. 政策风险 B. 经营风险 C. 购买力风险 D. 经济周期性波动风险

31. 下列选项不属于常用来反映股票基金风险的指标有( )。
   A. 标准差 B. 持股价格 C. 持股集中度 D. 贝塔系数

32. 指数基金所投资的标的指数成分股一般不能低于基金净资产的( )。
   A. 90% B. 80% C. 70% D. 60%

33. 以下属于跨境投资风险分类的有( )。
   Ⅰ. 政治风险 Ⅱ. 汇率风险 Ⅲ. 税收风险
   Ⅳ. 投资研究风险 Ⅴ. 交易和估值风险
   A. Ⅰ、Ⅱ、Ⅲ、Ⅴ B. Ⅰ、Ⅱ、Ⅲ、Ⅳ C. Ⅰ、Ⅱ、Ⅲ、Ⅳ、Ⅴ D. Ⅰ、Ⅲ、Ⅳ、Ⅴ

34. 以下选项不属于基金业绩评价需考虑的因素是( )。
   A. 基金管理规模 B. 成立时间 C. 时间区间 D. 风险和收益

35. 以下关于全局最小方差组合的说法中错误的是( )。
   A. 所有方差组合中风险最小的组合
   B. 上半部分和下半部分的分界点
   C. 在最小方差前沿的最右边
   D. 与纵轴平行的直线与最小方差前沿最左边拐点的切点是全局最小方差组合

36. 对于B股,虽然没有过户费,在上交所,结算费是成交金额的0.5‰;在深交所,称为"结算登记费",是成交金额的0.5‰,但最高不超过( )港元。
   A. 5 B. 10 C. 500 D. 100

37. ( )认为投资者应购买并持有近期走势明显强于大盘指数的股票。
   A. 道氏理论 B. 过滤法则 C. "相对强度"理论 D. "量价"理论

38. 上交所证券交易的收盘价为当日该证券最后一笔交易前( )分钟所有交易的成交量加权平均价(含最后一笔交易)。当日无成交的,以前收盘价为当日收盘价。
   A. 1 B. 6 C. 10 D. 20

39. 以下基金利润来源中( )不属于已实现收益的构成部分。
   A. 债券投资收益 B. 手续费返还 C. 存款利息收入 D. 公允价值变动损益

40. ( )是基金在一定时期内全部损益的总和,包括基金已经实现的损益和未实现的估值增减值,是一个能够全面反映基金在一定时期内经营成果的指标。
   A. 本期已实现收益 B. 本期利润 C. 期末可供分配利润 D. 未分配利润

41. 某可转换债券面额为1000元,规定其转换价格为25元,则1000元债券可转换为( )股普通股票。
   A. 25 B. 40 C. 1000 D. 250

42. ( )是指债券发行人有可能在债券到期日之前回购债券的风险。
   A. 信用风险 B. 购买力风险
   C. 经济周期性波动风险 D. 提前赎回风险

43. 在证券市场上选择一些具有代表性的证券(或全部证券),通过对证券的交易价格进行平均和动态对比从而生成指数,借此来反映某一类证券(或整个市场)价格的变化情况,这就是( )。
   A. 股价指数 B. 债券价格指数 C. 证券价格指数 D. 基金价格指数

44. ( )是评估证券或投资组合系统性风险的指标,反映的是投资对象对市场变化的敏感度。
   A. 跟踪误差 B. β系数 C. 久期 D. 凸性

45. 以下关于无差异曲线特点的说法正确的是( )。
   A. 风险厌恶投资者的无差异曲线是从左上方向右下方向倾斜的
   B. 同一条无差异曲线上的所有点向投资者提供了相同的效用
   C. 风险厌恶程度低的投资者与风险程度高的投资者相比,其无差异曲线更陡
   D. 当向较低的无差异曲线移动时,投资者的效用增加

46. 以下属于针对债券信用风险的主要监控指标是( )。
   Ⅰ. 基金所持债券的平均信用等级 Ⅱ. 各信用等级债的占比
   Ⅲ. 单个债券或发行人特定的信用风险 Ⅳ. 定期评估交易对手的信用资质
   A. Ⅰ、Ⅲ、Ⅳ B. Ⅰ、Ⅱ、Ⅳ C. Ⅰ、Ⅱ、Ⅲ、Ⅳ D. Ⅰ、Ⅱ、Ⅲ

47. 中国基金资产估值的责任人是( ),但( )对基金管理人的估值结果负有复核责任。
   A. 基金托管人;基金公司 B. 基金公司;基金管理人
   C. 基金管理人;基金托管人 D. 中国证券会;基金公司

48. 中国开放式基金每( )估值,并于( )公告基金份额净值。
   A. 交易日;次日 B. 周;次周 C. 月;当日 D. 月;次日

49. 中国基金的管理费、托管费、销售服务费按( )的一定比例逐日计提,按月支付。
   A. 当日基金资产净值 B. 前一日基金资产净值
   C. 上月基金资产平均净值 D. 当月基金资产平均净值

50. 假设投资者在2017年4月14日(周五,法定节假日前最后一个工作日)申购了基金份额,那么利润将会从( )起开始计算。
   A. 4月14日 B. 4月15日 C. 4月17日 D. 4月19日

51. 个人投资者从封闭式基金分配中获得的企业债券差价收入,按现行税法规定,要( )。
   A. 对个人投资者征收个人所得税
   B. 不需要对个人投资者征收个人所得税
   C. 针对此项活动对个人投资者征收消费税
   D. 根据法规规定对此项活动要对个人投资者只征收印花税

52. 下列关于正态分布的相关知识,说法错误的是( )。
   A. 正态分布是最重要的一类连续型随机变量分布
   B. 正态分布距离均值越近的地方数值越集中,而在离均值较远的地方数值则很密集

C. 正态分布密度函数的显著特点是中间高两边低,由中间($X=\mu$)向两边递减,并且分布左右对称,是一条光滑的"钟形曲线"
D. 如果频率直方图呈现出钟形特征,可认为该变量大致服从正态分布

53. 避险策略基金投资于稳健资产不得低于基金资产净值的( ),以获取稳定收益,尽力避免到期时投资本金出现亏损。
A. 90%　　B. 80%　　C. 70%　　D. 60%

54. 基金持有的金融资产和承担金融负债常归类为( )和金融负债。
A. 持有至到期投资
B. 以公允价值计量且其变动计入当期损益的金融资产
C. 货款和应收款项
D. 可供出售的金融资产

55. ( )是财政部代表中央政府发行的债券。
A. 政策性金融债　　B. 国债　　C. 商业银行债券　　D. 地方政府债

56. 开放式基金份额变化的核算内容不包括基金份额的( )。
A. 申购　　B. 转换　　C. 转托管　　D. 赎回

57. 基金卖出股票按照( )的税率征收印花税。
A. 1‰　　B. 1.5‰　　C. 2‰　　D. 3‰

58. 境内机构投资者进行境外证券投资时,可以委托境外投资顾问为其服务。境外投资顾问应当符合经营投资管理业务达( )年以上,最近一个会计年度管理的证券资产不少于( )亿美元或等值货币。
A. 3;100　　B. 3;50　　C. 5;100　　D. 5;50

59. ( )称为企业的"第一会计报表"。
A. 资产负债表　　B. 利润表　　C. 现金流量表　　D. 所有者权益变动表

60. 以下不属于被动投资跟踪误差产生原因的有( )。
A. 各项费用　　B. 复制误差　　C. 计算错误　　D. 现金留存

61. 基金业绩评价的原则是( )。
A. 客观性原则、可比性原则、长期性原则
B. 客观性原则、相关性原则、长期性原则
C. 客观性原则、相关性原则、重要性原则
D. 客观性原则、可比性原则、短期性原则

62. 外资商业银行境内分行在境内持续经营( )年以上的,可申请成为托管人。
A. 1　　B. 2　　C. 3　　D. 5

63. 以下选项中暂不缴纳所得税的是( )。
A. 对内地企业投资者通过基金互认买卖香港基金份额取得转让差价的
B. 对内地企业投资者通过基金互认从香港基金分配取得收益的
C. 个人投资者从公开发行和转让市场取得上市公司股票,持股超过1年取得的股票红利
D. 内地个人投资者通过基金互认从香港基金分配取得收益的

64. 关于UCITS基金的申购与赎回价格,规定应至少( )公布两次。如不损害持有人利益,监管机关可以允许( )公布一次。
A. 一周;一个月　　B. 一个月;一个月　　C. 一周;两个月　　D. 一个月;一季度

65. ( )通常被用来研究随机变量X以特定概率(或者一组数据以特定比例)取得大于等于(或小于等于)某个值的情况。
A. 分位数　　B. 方差　　C. 协方差　　D. 标准差

66. 方差越大,表示收益率r偏离期望收益率的程度( )。
A. 越小　　B. 越大　　C. 不变　　D. 不确定

67. 在中国,对( )从证券市场中取得的收入,包括买卖股票、债券的原价收入、股票的股息、红利收入、债券的利息收入及其他收入,暂不征收企业所得税。
A. 非银行金融机构　　B. 企业
C. 证券投资基金　　D. 基金管理公司

68. 某企业税后净利为67万元,所得税率33%,利息费用为50万元,则该企业利息倍数为( )。
A. 1.3　　B. 1.73　　C. 2.78　　D. 3

69. 有关现金流量表叙述不正确的有( )。
A. 现金流量表的编制基础是权责发生制
B. 现金流量表的编制基础是收付实现制
C. 现金流量表的作用包括反映企业的现金流量,评价企业未来产生现金净流量的能力
D. 通过对现金投资与融资、非现金投资与融资的分析,全面了解企业财务状况

70. 某公司年初流动比率为2.1,速动比率为0.9,而年末流动比率下降为1.8,速动比率为1.1,则说明( )。
A. 当年存货增加　　B. 当年存货减少
C. 应收账款的回收速度加快　　D. 现销增加,赊销减少

71. 证券登记结算机构作为共同对手方提供多边净额结算服务时,负责( )。
A. 结算参与人与客户之间的证券清算交收
B. 证券登记结算机构与结算参与人之间的集中清算交收
C. 结算参与人与客户之间的资金清算交收
D. 结算参与机构与客户之间的资金清算交收

72. 利润表是( )报表。
A. 静态　　B. 动态　　C. 长期　　D. 短期

73. 证券投资基金会计核算的责任主体是( )。
A. 基金管理人与基金托管人　　B. 基金管理公司
C. 证券投资基金　　D. 基金托管人

74. 基金期末可供分配利润为期末资产负债表中未分配利润与未分配利润中已实现部分的( )。
A. 平均数　　B. 孰低数　　C. 孰高数　　D. 差额

75. 目前,中国的基金会计分期以( )为单位,分期反映会计主体的财务状况。
A. 每日　　B. 季度　　C. 每月　　D. 年度

76. 下列选项中,会导致资产负债率发生变化的是( )。
A. 收回应收账款　　B. 用现金购买债券(不考虑手续费)
C. 接受所有者投资转入的固定资产　　D. 以固定资产对外投资(按账面价值作价)

77. 已知某存货的周转天数为50天,则该存货的年周转率为( )。
A. 7.2　　B. 7.3　　C. 72%　　D. 73%

78. 当估值或资产净值计价错误达到基金资产净值的( )时,基金管理人应及时向中国证监会报告。
A. 0.10%　　B. 0.25%　　C. 0.50%　　D. 0.75%

79. 某公司赊销收入净额为315000元,应收账款年末数为18000元,年初数为16000元,其应收账款周转天数为( )天。
A. 10　　B. 18　　C. 15　　D. 20

80. 下列关于做市商的表述中,正确的是( )。
A. 做市商根据投资人报价进行交易撮合
B. 做市商可以起到维持证券价格稳定的作用

C. 做市商不需要准备可交易资金和证券即可做市
D. 做市商的利润来源于交易佣金

81. 对于优先股交易的登记过户费,上海市场和深圳市场均按照普通股下调( )向( )收取。
   A. 20%;卖方投资者
   B. 10%;卖方投资者
   C. 10%;买卖双方投资者
   D. 20%;买卖双方投资者

82. 流动比率小于1时,赊购原材料若干,将会( )。
   A. 增大流动比率 B. 降低流动比率 C. 降低营运资金 D. 增大营运资金

83. AIFMD自( )起开始实施。
   A. 2004年2月13日 B. 2011年7月1日 C. 2013年7月22日 D. 2014年7月22日

84. 货币市场基金投资于主体信用评级低于AAA的机构发行的金融工具占基金资产净值的比例合计不得超过( ),其中单一机构发行的金融工具占基金资产净值的比例合计不得超过( )。
   A. 10%;2% B. 20%;3% C. 10%;3% D. 20%;2%

85. 基金与券商签订交易单元租用合同,向券商支付的费用中不包括( )。
   A. 担保费 B. 过户费 C. 交易佣金 D. 证管费

86. 下列选项中不属于防范债券回购风险的措施的是( )。
   A. 在进行逆回购交易时,严格规范可接受质押品的资质
   B. 合理安排投资组合,避免债券到期日或者存款到期日过于集中,适度控制存量,适时调节增量
   C. 质押品按公允价值应足额,并持续监测押品的风险状况与价值变动
   D. 建立健全逆回购交易质押品管理制度,根据质押品资质审慎确定质押率水平

87. 以下属于可转债投资风险的是( )。
   Ⅰ. 转换风险 Ⅱ. 利息损失风险 Ⅲ. 流动性风险
   Ⅳ. 股价波动的风险 Ⅴ. 提前赎回风险
   A. Ⅰ、Ⅱ、Ⅲ、Ⅳ B. Ⅰ、Ⅱ、Ⅲ、Ⅴ C. Ⅰ、Ⅱ、Ⅳ、Ⅴ D. Ⅰ、Ⅲ、Ⅳ、Ⅴ

88. 以下属于影响基金流动性风险因素的有( )。
   Ⅰ. 证券市场的走势 Ⅱ. 金融市场整体的流动性
   Ⅲ. 利率水平 Ⅳ. 基金公司流动性管理流程和措施
   Ⅴ. 基金持有人结构与行为特征
   A. Ⅰ、Ⅱ、Ⅳ、Ⅴ B. Ⅰ、Ⅱ、Ⅲ、Ⅴ C. Ⅰ、Ⅱ、Ⅳ、Ⅴ D. Ⅰ、Ⅱ、Ⅲ、Ⅳ、Ⅴ

89. 基金的财务会计报告通常不包括( )。
   A. 年报 B. 季报 C. 周报 D. 月报

90. 关于基金财务会计报告分析,以下表述错误的是( )。
   A. 基金份额变动分析是开放式基金特有的内容
   B. 可以评价基金过往的投资管理能力
   C. 分红能力分析是其比较特殊的内容
   D. 与普通企业的财务会计报告分析的内容没有差异

91. 基金资产估值是指通过对基金所拥有的( )按一定的原则和方法进行重新估算,进而确定基金资产公允价值的过程。
   A. 全部资产 B. 净资产 C. 全部资产及所有负债 D. 负债

92. CAPM模型的主要思想是( )。
   A. 只要承担风险,均能够获得收益补偿
   B. 只有在超出一定的基础上,才能够获得收益补偿
   C. 只有系统性风险才能获得收益补偿
   D. 只有非系统性风险才能得到收益补偿

93. ( )不属于基金管理公司的境外机构可以采取的形式。
   A. 分公司 B. 代表处 C. 子公司 D. 办事处

94. 下列关于UCITS基金投资禁止事项,说法错误的是( )。
   A. 一般情况下,基金不得通过取得有表决权股票对发行主体的管理施加重大影响
   B. 基金不得持有贵金属或其证书
   C. 基金管理人可以代表基金作担保人
   D. 基金托管人无权代表基金借款

95. UCITS五号令中规定,欧盟监管机构将会把任何行政处罚公开在其官方网页上,并维持至少( )年。
   A. 3 B. 5 C. 7 D. 10

96. ( )年底,银行间市场交易商协会宣布正式启动短期融资券业务,进一步丰富了短期融资券的期限结构。
   A. 2008年 B. 2009年 C. 2010年 D. 2011年

97. 在无保证债券中,受偿等级最高的是( ),这也是公司债的主要形式。
   A. 优先无保证债券 B. 优先次级债券 C. 次级债券 D. 劣后次级债券

98. 关于沪港通,以下表述错误的是( )。
   A. 沪港通分为沪股通和港股通两部分
   B. 沪港通试点2014年4月10日开始实施
   C. 沪港通的双向交易分别以人民币和港币作为结算单位
   D. 沪港通只能实现规定范围内的上海证券交易所上市的股票

99. 境内一家A基金管理公司,其经营证券投资基金管理业务已满4年,最近一年净资产为人民币1.8亿元;在本年最后一个季度末资产管理规模为82亿元人民币,管理等值外汇资产46亿元人民币。若A公司近期要申请QDII资格,需满足( )条件。
   A. 需继续经营证券投资基金管理业务1年,公司净资产增加0.2亿元人民币,明年一季度季度末资产管理规模增加52亿元人民币或等值外汇资产
   B. 公司净资产增加0.2亿元人民币,明年一季度季度末资产管理规模增加72亿元人民币或等值外汇资产
   C. 公司净资产增加3.2亿元人民币,明年一季度季度末资产管理规模增加22亿元人民币或等值外汇资产
   D. 需继续经营证券投资基金管理业务2年,公司净资产增加3.2亿元人民币,明年一季度季度末资产管理规模增加72亿元人民币或等值外汇资产

100. 国际证监会组织认为,( )的监管,是对政府监管的有益补充,其对市场运作和行为的了解更为深入,专业水平更高。
    A. 基金管理人内部 B. 社会公众 C. 基金业行业自律组织 D. 其他金融行业

《证券投资基金基础知识》真题试卷(六)

本试卷采用虚拟答题卡技术

考生扫描右侧二维码,可将答题选项填入虚拟答题卡中,题库系统自动整理错题,并生成完整的答案及解析。

(注:首次扫码后需先关注"未来金融网校"公众号)

(考试题型均为单项选择题,共100小题,每小题1分,共100分)

1. 关于期货合约和远期合约的比较,下列叙述不正确的是( )。
   A. 期货合约在交易所交易,远期合约通常在场外交易
   B. 期货合约实物交割比例非常低,远期合约实物交割比例非常高
   C. 期货合约和远期合约都有杠杆效应
   D. 期货合约是标准化合约,远期合约是非标准化合约

2. ( )可以在权证失效日之前的任意交易日行权。
   A. 欧式权证　　　B. 百慕大权证　　　C. 备兑权证　　　D. 美式权证

3. 下列与基金有关的费用不能从基金财产中列支的是( )。
   A. 基金转换费　　　　　　　　B. 基金管理人的管理费
   C. 基金托管人的托管费　　　　D. 销售服务费

4. 交易所上市交易的可转换债券按( )作为估值全价。
   A. 当日收盘价　　B. 当日开盘价　　C. 估值　　D. 当日转换价

5. 同一期间内,投资于国内市场的基金A贝塔系数为0.85,基金B的贝塔系数为1.1,以下说法正确的是( )。
   A. 基金A的净值随市场的变动幅度比基金B小
   B. 基金A和基金B的净值变动方向相反
   C. 基金A和基金B的净值变动方向与市场不一致
   D. 基金A的净值随市场的变动幅度比基金B大

6. 以下不属于影响股票价格的行业因素的是( )。
   A. 管理层质量　　　　　　　　B. 行业或产业竞争结构
   C. 行业持续性　　　　　　　　D. 抗外部冲击能力

7. 以下关于全国银行间债券市场交易的固定收益品种估值的说法正确的是( )。
   A. 含权的固定收益品种,以第三方估值机构提供的相应品种当日的估值净价进行估值
   B. 不含权的固定收益品种,可以第三方估值机构提供的相应品种当日的唯一估值净价估值
   C. 不含权的固定收益品种,可以第三方估值机构提供的相应品种推荐估值净价进行估值
   D. 对银行间市场未上市,且第三方估值机构未提供估值价格的债券,在发行利率与二级市场利率不存在明显差异,未上市期间市场利率没有发生大的变动的情况下,按成本估值

8. 每日价格最大波动限制的目的是( )。
   A. 寻找交易对手
   B. 防止价格波动幅度过大造成交易者重大损失
   C. 维持期货价格稳定
   D. 防范期货市场风险

9. 关于托管资产的场内资金清算模式,下列表述不正确的是( )。
   A. 托管人结算模式是指托管资产场内交易形成的交收资金由托管人作为结算参与人与中国证券登记结算有限责任公司进行净额交收,然后由托管人负责与托管资产组合进行二级清算的模式
   B. 托管人结算模式的前提条件是托管资产进行场内交易须通过专用交易单元
   C. 单一客户资产管理计划、信托计划采用券商结算模式
   D. 当托管资产的场内交易不能通过专用交易单元进行时,只能采用托管人结算模式

10. 下列关于开放式基金的利润分配,说法不正确的是( )。
    A. 我国开放式基金按规定需在基金合同中约定每年基金利润分配的最多次数和基金利润分配的最低比例
    B. 基金收益分配后基金份额净值不能高于面值
    C. 开放式基金有现金分红和分红再投资转换为基金份额两种分红方式
    D. 现金分红方式是开放式基金分配的最普遍形式

11. 假定某基金的总资产为35亿元,总负债为5亿元,发行在外的基金份额总数为30亿份,那么其基金份额净值为( )元。
    A. 1.00　　B. 1.16　　C. 1.23　　D. 1.35

12. 假设某投资者持有5000份基金A,当前的基金份额净值为1.4元,对该基金按1:1.4的比例进行拆分操作后,对应的基金资产为( )元。
    A. 3571　　B. 5000　　C. 7000　　D. 9800

13. 合格投资者的投资本金锁定期为3个月,自合格投资者累计汇入投资本金达到等值( )万美元之日起计算。
    A. 1000　　B. 2000　　C. 3000　　D. 5000

14. 证券登记结算机构提供的服务不包括( )。
    A. 登记　　B. 存管　　C. 结算　　D. 托管

15. 货银对付原则是指( )。
    A. 在一个清算期中,对每个证券公司价款的清算只计其各笔应收应付款项相抵后的净额,对证券的清算只计每一种证券应收应付相抵后的净额
    B. 清算价款时,同一清算期内发生的不同类证券的买卖价款可以合并计算
    C. 清算证券时,只有同一清算期内且同种证券才能合并计算
    D. 在办理资金交收的同时完成证券的交割

16. 证券公司在与投资者订立股票收益互换交易的同时,会进行风险对冲,将自身风险暴露控制在( )水平。
    A. 较高　　B. 较低　　C. 合适　　D. 一般

17. 下列属于另类投资主要类型的是( )。
    Ⅰ.另类资产　　Ⅱ.另类投资策略　　Ⅲ.私募股权
    Ⅳ.期货　　　　Ⅴ.对冲基金
    A. Ⅰ、Ⅱ、Ⅳ　　B. Ⅰ、Ⅱ、Ⅲ、Ⅴ　　C. Ⅰ、Ⅱ、Ⅲ、Ⅳ　　D. Ⅰ、Ⅱ、Ⅲ、Ⅳ、Ⅴ

C. 有限合伙人具备独立的经营管理权力
D. 公司制的基金管理人会受到股东的严格监督管理

60. 下列关于跟踪误差的说法中错误的是( )。
   A. 跟踪误差是相对于业绩比较基准的相对风险指标
   B. 跟踪误差计量的前提是清晰的业绩比较基准
   C. 指数基金的跟踪误差通常较高
   D. 跟踪误差可以用来衡量投资组合的相对风险是否符合预定的目标或是在正常范围内

61. 下列关于利率互换与货币互换说法正确的是( )。
   A. 在不同货币市场具有借款比较优势的双方进行利率互换可以取得双赢结果
   B. 货币互换双方在每一个阶段只有一方支付现金给另一方
   C. 货币互换在期初和期末分别交换本金
   D. 互换双方的互换交易是零和博弈

62. ( )是QDII基金的会计核算和资产估值的责任主体。
   A. 基金管理公司 B. 基金托管银行 C. 基金投资人 D. 中国证监会基金部

63. 下列关于个人投资者的说法错误的是( )。
   A. 个人投资者是以自然人身份进行投资
   B. 个人投资者的风险承受能力较弱
   C. 个人投资者的投资经验和能力高于机构投资者
   D. 个人投资者可投资的资金量较小

64. 以下属于衡量债券基金流动性风险的指标有( )。
   Ⅰ.持仓集中度 Ⅱ.现金比例 Ⅲ.流动受限资产比例
   Ⅳ.短期可变现资产比例 Ⅴ.控制交易对手集中度和组合流动性
   A. Ⅱ、Ⅲ、Ⅳ、Ⅴ B. Ⅰ、Ⅱ、Ⅲ、Ⅳ C. Ⅰ、Ⅲ、Ⅳ、Ⅴ D. Ⅰ、Ⅱ、Ⅳ、Ⅴ

65. 关于估值频率的说法，下列各项错误的是( )。
   A. 我国开放式基金与每个交易日估值，并于次日公告基金份额净值
   B. 封闭式基金每日披露一次基金份额净值
   C. 海外基金多数是每个交易日估值
   D. 封闭式基金每个交易日要进行估值

66. A方案在3年中每年年初付款100元，B方案在3年中每年年末付款100元，若利率为10%，则二者在第3年年末时的终值相差( )元。
   A. 33.1 B. 31.3 C. 133.1 D. 13.31

67. 下列关于基金业行业自律组织监管，说法错误的是( )。
   A. 是对政府监管的有益补充
   B. 自律组织对市场运作和行为的了解深入，专业水平高
   C. 对市场变化的反应比政府机构慢且不够灵活
   D. 自律组织可以要求其管理对象除遵循政府法规之外，还要遵守一定的道德规范

68. 基金业绩评价的业绩可以选择的比较基准包括( )。
   Ⅰ.全市场指数 Ⅱ.复合指数 Ⅲ.行业指数 Ⅳ.几个指数的组合
   A. Ⅱ、Ⅲ、Ⅳ B. Ⅰ、Ⅲ、Ⅳ C. Ⅰ、Ⅱ、Ⅳ D. Ⅰ、Ⅱ、Ⅲ、Ⅳ

69. 为保证业务的正常运行，下列关于证券登记结算机构应采取的措施的说法，不正确的是( )。
   A. 制定完善的风险防范机制和内部控制制度
   B. 建立完善的操作系统，制定由结算参与人共同遵守的操作标准和规范
   C. 建立完善的结算参与人准入标准和风险评估体系
   D. 对结算数据和技术系统进行备份，制定业务紧急应变程序和操作流程

70. ( )是目前全球最大的UCITS基金注册地。
   A. 美国 B. 卢森堡 C. 英国 D. 法国

71. 大多数大宗商品投资者常用的投资方式是( )。
   A. 购买资源或者购买大宗商品相关股票 B. 购买大宗商品实物
   C. 投资大宗商品衍生工具 D. 投资大宗商品的结构化产品

72. 基金收入主要来源不包括( )。
   A. 股利收益 B. 存款利息 C. 债券利息 D. 证券买卖差价

73. 信息比率较大的基金，表现相对较( )。
   A. 差 B. 好 C. 一般 D. 稳定

74. 关于名义收益率与实际收益率的说法，正确的是( )。
   A. 实际收益率反映了资产名义数值的增长率
   B. 对于长期投资者而言，应该关注的是实际收益率
   C. 名义收益率能够反映资产的实际购买能力的增长率
   D. 名义收益率在实际收益率的基础上扣除了通货膨胀率的影响

75. 基金分配最普遍的形式是( )。
   A. 现金分红方式 B. 分红再投资转换为基金份额
   C. 股利分红方式 D. 配股分红方式

76. 下列关于个人投资者投资基金的所得税的征收，表述错误的是( )。
   A. 从基金分配中获得的国债利息、买卖股票差价收入，暂不征收所得税
   B. 个人投资者从基金分配中获得的股票的股利收入，由上市公司在向基金支付上述收入时，代扣代缴20%的个人所得税
   C. 从封闭式基金分配中获得的企业债券差价收入，暂不征收个人所得税
   D. 申购和赎回基金份额取得的差价收入，暂不征收个人所得税

77. 无风险资产与市场组合的连线，形成了新的有效前沿，被称为( )。
   A. 无差异曲线 B. 证券市场线 C. 资本市场线 D. 资产配置线

78. 考虑风险调整的基金业绩评估方法最不可能使用( )。
   A. 夏普比率 B. 特雷诺比率 C. 信息比率 D. 贝塔系数

79. 下列关于限价指令，说法正确的是( )。
   A. 目的在于将损失控制在投资者可接受的范围内
   B. 希望以即时的市场价格进行证券交易
   C. 让投资者暴露在价格变化的风险中
   D. 当证券价格达到目标价格时开始执行交易

80. 以下关于基金利润分配的表述，错误的是( )。
   A. 开放式基金应该在基金合同中约定每年基金利润分配的最多次数
   B. 基金进行利润分配会导致基金份额净值下降，但并不意味着投资者有投资损失

C. 投资者周五申请赎回的货币基金份额,不享有周六、周日的利润分配
D. 封闭式基金只能采用现金方式分红

81. 公司的资本结构是指( )。
   A. 公司资本投入与劳动投入之比
   B. 公司债权资本与权益资本的比例
   C. 公司资产的组成
   D. 公司是资本密集型还是劳动密集型

82. 利率衍生工具不包含( )。
   A. 远期利率合约   B. 利率期权   C. 信用联结票据   D. 利率互换

83. 假设市场上存在一种期限为6个月的零息债券,面值100元,市场价格99.2556元,那么6个月的利率为( )。
   A. 0.7444%   B. 1.5%   C. 0.75%   D. 1.01%

84. ( )可以使投资购买债券获得的未来现金流的现值等于债券当前市价。
   A. 当期收益率
   B. 当前收益率
   C. 再投资收益率
   D. 到期收益率

85. 采用下列指数复制方法复制指数时,通常情况下跟踪误差最大的是( )。
   A. 完全复制
   B. 抽样复制
   C. 优化复制
   D. 市值优先抽样复制

86. 金融机构买卖基金,需要交纳的税收是( )。
   A. 消费税   B. 印花税   C. 企业所得税   D. 增值税

87. 假设资本资产定价模型成立,某股票的预期收益率为16%,贝塔系数(β)为2,如果市场预期收益率为12%,市场的无风险收益率为( )。
   A. 6%   B. 7%   C. 5%   D. 8%

88. ( ),"北向通"正式启动。
   A. 2016年5月16日   B. 2016年7月3日   C. 2017年5月16日   D. 2017年7月3日

89. 根据货币时间价值概念,下列不属于货币终值影响因素的是( )。
   A. 计息的方法   B. 现值的大小   C. 利率   D. 市场价格

90. 如果某基金的贝塔系数( )1,说明该基金是一只活跃或激进型基金。
   A. 大于   B. 等于   C. 小于   D. 远远小于

91. 按照我国证券交易所的现行规定,指令驱动的成交原则是( )。
   A. 价格优先、数量优先
   B. 价格优先、客户优先
   C. 时间优先、数量优先
   D. 价格优先、时间优先

92. 对于A股,我国证券交易对证券作除权处理的时间为( )。
   A. 权益登记日
   B. 权益登记日的次一交易日
   C. 除权前的最后交易日
   D. 除权日

93. 我国证券交易所向投资者收取的费用不包括( )。
   A. 过户费   B. 印花税   C. 监管费   D. 证券交易经手费

94. 买入200份封闭式基金份额,买入价格1.50元/份,交易佣金0.25%,按沪、深交易所公布的收费标准,该交易佣金为( )元。
   A. 5   B. 10   C. 0   D. 0.75

95. 下列不属于构成利润表的项目是( )。
   A. 营业收入
   B. 与营业收入相关的生产性费用、销售费用和其他费用
   C. 经营活动产生的现金流量
   D. 利润

96. 下列选项公式不正确的是( )。
   A. 杜邦恒等式为:净资产收益率 = 销售利润率 × 总资产周转率 × 权益乘数
   B. 费雪方程式可以表达为:实际利率 = 名义利率 − 通货膨胀率
   C. 远期利率可以由两个即期利率决定,公式为:$f = \frac{(1+S_2)^2}{1+S_1} - 1$
   D. 样本标准差的计算公式为:$s = \sqrt{\frac{1}{n}\sum_{i=1}^{n}(r_i - \bar{r})^2}$

97. 某公司每股股利为0.4元,每股盈利为1元,市场价格为10元,则其市盈率为( )倍。
   A. 20   B. 25   C. 10   D. 16.67

98. 以下交易者向自己的经纪人下达交易指令中,最优先的是( )。
   A. 9时35分,11.25元卖出
   B. 9时40分,11.30元卖出
   C. 9时35分,11.30元卖出
   D. 9时40分,11.25元卖出

99. 所有种类的债券都面临通胀风险,对通胀风险特别敏感的投资者可购买通货膨胀联结债券,其( )。
   A. 本金随通胀水平的高低进行变化,利息不随通胀水平的高低进行变化
   B. 本金不随通胀水平的高低进行变化,利息随通胀水平的高低进行变化
   C. 本金和利息都不随通胀水平的高低进行变化
   D. 本金和利息都随通胀水平的高低进行变化

100. 深圳证券交易所权益类证券大宗交易、债券大宗交易(除公司债券外)协议平台的成交确认时间为每个交易日( )。
    A. 9:15至11:30
    B. 9:30至11:30
    C. 13:00至15:30
    D. 15:00至15:30

C. β系数大于1时,该投资组合的价格变动幅度与市场一致
D. β系数小于1(大于0)时,该投资组合的价格变动幅度比市场小

65. 以下关于投资决策委员会的说法错误的是( )。
A. 是公司的非常设机构
B. 是公司最高的投资决策机构
C. 负责投资组合交易指令的审核
D. 讨论和决定公司投资的重大问题

66. ( )是指基金投资行为受到宏观政治、经济、社会等环境因素对证券价格所造成的影响而面对的风险。
A. 流动性风险　　B. 信用风险　　C. 市场风险　　D. 合规风险

67. 不属于商业票据的特点的是( )。
A. 面额较大　　B. 利率较低　　C. 可抵押　　D. 只有一级市场

68. ( )的优点在于将外部股权全部内化,使得对象企业保持充分的独立性。
A. 破产清算　　　　　　　　B. 买壳上市或借壳上市
C. 管理层回购　　　　　　　D. 二次出售

69. 夏普比率是诺贝尔经济学奖得主威廉·夏普于1966年根据( )提出的经风险调整的业绩测试指标。
A. 相对收益率　　　　　　　B. 资产收益率(ROA)
C. 资本资产定价模型(CAPM)　　D. 股本收益率(ROE)

70. 某一只基金2年的累计收益率为36%,那么该基金的年平均收益率为( )。
A. 17.8%　　B. 18%　　C. 6%　　D. 16.6%

71. 普通股票是最基本、最常见的一种股票,其持有者享有股东的( )。
A. 特许经营权　　　　　　　B. 营销权
C. 基本权利和义务　　　　　D. 财产支配权

72. 某可转换债券面值为250元,规定其转换价格为25元,则转换比例为( )。
A. 10　　B. 15　　C. 20　　D. 25

73. 下列关于大宗商品的特征,说法不正确的是( )。
A. 异质化　　B. 同质化　　C. 可交易　　D. 交易量大

74. 基金投资风格分析不包括( )。
A. 持仓集中度分析　　　　　B. 基金持仓股本规模分析
C. 基金持仓成长性分析　　　D. 投资收益分析

75. 下列关于指令驱动的成交原则,说法正确的是( )。
A. 价格优先原则
B. 较高的卖出价格问优于较低的卖出价格
C. 较低的买入价总是优于较高的买入价
D. 买卖方向相同、价格一致的,优先成交委托时间较晚的交易

76. ( )年,我国资产证券化开始试点,( )年进入扩大试点阶段。
A. 2003;2005　　B. 2003;2007　　C. 2005;2007　　D. 2007;2009

77. 常见的算法交易策略不包括( )。
A. 成交量加权平均价格算法　　B. 时间加权平均价格算法
C. 跟量算法　　　　　　　　　D. 简单成本平均法

78. 为了防止机构仅展示业绩良好的组合,GIPS规定投资管理机构应将所有可自由支配于预期投资策略及收取管理费的组合,根据相同策略或投资目标,纳入至少( )以上的组合群。
A. 1个　　B. 2个　　C. 3个　　D. 4个

79. 对香港市场投资者通过基金互认( )内地基金份额,按照内地现行税制规定,暂不征收印花税。
Ⅰ.买卖　　Ⅱ.继承　　Ⅲ.转让　　Ⅳ.赠予
A. Ⅰ、Ⅱ、Ⅳ　　B. Ⅰ、Ⅲ、Ⅳ　　C. Ⅱ、Ⅲ、Ⅳ　　D. Ⅰ、Ⅱ、Ⅲ

80. 下列关于基金的投资比例限制与投资禁止说法错误的是( )。
A. 基金投资同一主体发行的证券,不得超过基金资产净值的5%
B. 成员国可将此比例提高到10%
C. 基金投资于一个成员国政府或其地方政府、非成员国政府、成员国参加的国际组织发行或担保的可转让证券,比例可提高到45%
D. 基金投资于一个主体发行的证券超过5%时,该类投资的总和不得超过基金资产净值的40%

81. 不同基金的投资目标、范围、比较基准等均有差别。因此,基金的表现不能仅仅看回报率,以下不属于基金业绩必须考虑的因素是( )。
A. 风险和收益　　　　　　　B. 基金管理规模
C. 时间区间　　　　　　　　D. 基金的价格

82. 事前和事后风险测度的区别( )。
A. 事前风险测度用来评价一个组合在历史上的表现和风险情况,而事后风险测度则通常用来衡量和预测目前组合和未来的表现和风险情况
B. 事后风险测度通常用来评价一个组合在历史上的表现和风险情况,而事前风险测度则通常用来衡量和预测目前组合在将来的表现和风险情况
C. 事前风险测度比事后风险测度更准确
D. 事后风险测度比事前风险测度更准确

83. 金融机构法人接受其他市场参与者的委托,代其办理银行间债券结算业务,需经( )批准。
A. 中国人民银行　　　　　　B. 中国证券监督管理委员会
C. 全国银行间同业拆借中心　　D. 中央结算公司

84. ( )的开通,标志着人民币国际化的重要进展,也是中国扩大金融市场特别是银行间债券市场开放的有力举措。
A. 沪港通　　B. 深港通　　C. 债券通　　D. 港股通

85. 目前,国际上可交易的贵金属大宗商品不包括( )。
   A. 黄金   B. 有色金属   C. 铂金   D. 白银

86. 我国的黄金交易市场包括上海黄金交易所和( )。
   A. 上海期货交易所   B. 深圳黄金交易所
   C. 深圳期货交易所   D. 上海证券交易所

87. 詹森α衡量的是基金组合收益中超过( )预测值的那一部分超额收益。
   A. 绝对收益率   B. WACC模型   C. 超额收益率   D. CAPM模型

88. 基金进行利润分配会导致基金份额净值( )。
   A. 不变   B. 上升   C. 下降   D. 影响不确定

89. 对于一般的投资者而言,影响投资需求的关键因素不包括( )。
   A. 投资期限   B. 收益要求
   C. 风险容忍度   D. 流动性

90. 在指令驱动市场上,( )是交易的核心。
   A. 卖方报价   B. 买方报价   C. 买卖数量   D. 指令

91. 共同对手方的引入,使得交易双方无须担心交易对手的( ),有利于增强投资信心和活跃市场交易。
   A. 操作风险   B. 经营风险   C. 信用风险   D. 财务风险

92. 下列不属于基金会计核算的主要内容的是( )。
   A. 权益核算   B. 估值核算
   C. 基金财务会计报告   D. 资产核算

93. ( )是指企业年金计划筹集的资金及投资运营收益形成的企业补充养老保险基金。
   A. 企业年金   B. 社会保障基金   C. 养老保险   D. 失业保险

94. 下列关于银行定期存款的特点,说法错误的是( )。
   A. 期限不确定   B. 金额选择余地大
   C. 利息收益较稳定   D. 存款准备金率较低

95. 目前,我国证券投资基金托管费按日计提,按( )支付。
   A. 年   B. 半年   C. 季度   D. 月

96. ( )对固定利率债券和零息债券特别重要。
   A. 信用风险   B. 利率风险   C. 通胀风险   D. 流动性风险

97. ( )被认为是私募股权投资退出的最佳渠道。
   A. 首次公开上市   B. 二次出售
   C. 借壳上市   D. 管理层回购

98. 用以反映货币市场基金风险的指标不包括( )。
   A. 投资组合平均剩余期限   B. 融资回购比例
   C. 浮动利率债券投资情况   D. 贝塔系数

99. 报价驱动中,最为重要的角色是( )。
   A. 买方   B. 卖方   C. 做市商   D. 证券交易所

100. 关于投资者收益目标,以下表述错误的是( )。
   A. 一些客户为了获得高收益率愿意承担高风险,投资经理必须对其进行充分的风险提示
   B. 对于长期投资者而言,更应该关注的是名义收益率,因为名义收益率包含了通货膨胀的因素
   C. 不同投资者通常对于收益的要求存在差异
   D. 收益目标可以是绝对收益,也可以是相对收益

《证券投资基金基础知识》模拟试卷(一)~(二)(见软件)

随书赠送智能考试题库系统,包含更多试卷。考生可关注微信公众号:未来金融网校或直接用微信扫描右侧的二维码进入公众号,点击【开始学习】-【考试题库】。智能题库激活码在书的背面,请妥善保存。

第三部分 参考答案及解析

《证券投资基金基础知识》真题试卷（一）参考答案及解析

1. D 【解析】偿还应付账款导致货币资金和应付账款减少，使流动资产以及速动资产和流动负债等额减少，由于原来的流动比率和速动比率均不等于1，所以，会影响流动比率和速动比率。由于业务发生前流动比率和速动比率均大于1，且分子与分母同时减少相等金额，因此，流动比率和速动比率都会增大。故选D。

2. D 【解析】A公司在第2年年底大致可以一次性从银行账户上取出的金额 = 10000 + 10000 × 5% × 2 + 10000 + 10000 × 5% = 2.15（万元）。

3. C 【解析】存托凭证是指在一国证券市场上流通的代表外国公司有价证券的可转让凭证。存托凭证一般代表外国公司股票。对发行人来说，发行存托凭证可以扩大市场容量，增强筹资能力；对于投资者来说，购买存托凭证可以规避跨国投资的风险（如汇率风险）。故选项A、B、D说法正确。目前中国投资者可以投资境外市场的存托凭证。故选项C说法错误。

4. B 【解析】普通股的投票权是按持股比例投票的，优先股没有投票权。故A基金在该上市公司股东大会上投票权的比例 = 1000/8000 = 12.5%。

5. C 【解析】在企业破产时，债权人优先于股权持有者获得企业资产的清偿。在企业有足够资金清偿时，面值和拖欠的利息是债权人能获得的最多支付。

6. C 【解析】战略资产配置重在长期回报，因此往往忽略资产的短期波动。

7. A 【解析】通过对基金持股平均市值的分析，可以看出基金对大盘股、中盘股和小盘股的投资风险暴露情况，故选项A说法错误。

8. A 【解析】基金业绩评价需要考虑的因素包括时间区间、风险和收益以及基金管理规模。

9. B 【解析】远期交易从成交日至结算日的期限（含成交日不含结算日）由交易双方约定，但最长不得超过365天。

10. D 【解析】下列与基金有关的费用可以从基金财产中列支：①基金管理人的管理费；②基金托管人的托管费；③销售服务费；④基金合同生效后的信息披露费用；⑤基金合同生效后的会计师费和律师费；⑥基金份额持有人大会费用；⑦基金的证券交易费用；⑧按照国家有关规定和基金合同约定，可以在基金财产中列支的其他费用。

11. B 【解析】根据市场条件的不同，通常有3种指数复制方法，即完全复制、抽样复制和优化复制。3种复制方法所使用的样本股票的数量依次递减，但是跟踪误差通常依次增加，故选项B表述错误。

12. C 【解析】投资者可以通过股票收益互换，实现策略投资、杠杆交易、股权融资、市值管理和创建结构产品的目的。

13. A 【解析】相关系数 ρ 的取值范围为 $[-1, +1]$，选项A正确；$|\rho|$ 越接近0，两变量线性关系越弱，选项B错误；$|\rho|$ 越接近1，两变量线性关系越密切，选项C错误；当 $|\rho| = 1$ 时，两变量为完全线性相关，+1为完全正相关，-1为完全负相关，选项D错误。

14. A 【解析】按照单利，只要本金在计息周期中获得利息，无论时间多长，所生利息均不加入本金重复计算利息。

15. C 【解析】债券投资组合构建需要考虑杠杆率等因素，故选项C表述错误。

16. A 【解析】过户费属于中国结算公司的收入。

17. A 【解析】通过对基金份额变动情况和持有人结构的比较分析，可以了解投资者对该基金的认可程度。

18. A 【解析】托管资产的场内资金结算主要采用两种模式，包括托管人结算模式和券商结算模式。

19. A 【解析】债券结算可采用纯券过户、见券付款、见款付券、券款对付4种结算方式。根据中国人民银行2013年第12号公告的规定，目前银行间债券市场债券结算主要采用券款对付的方式。

20. D 【解析】远期价格是远期市场为当前交易的一个远期合约而提供的交割价格，它使远期合约的当前价值为零。远期合约在实际交易中形成的实际价格，即双方签约时要确定的交割价格，它们并不一定相等。故选D。

21. C 【解析】黄金QDII是投资海外上市交易的黄金ETF产品，不能直接投资于海外的黄金期货或现货产品，也有部分黄金QDII配置一些黄金类的股票进行投资，故选项A说法错误；国内的黄金ETF主要是投资于上海黄金交易所的黄金产品，间接投资于实物黄金，故选项B说法错误；商品QDII投资涉及石油、农产品等多类商品，故选项D说法错误。

22. D 【解析】在当前中国，QFII和合格境外机构投资者是重要的机构投资者。QFII制度是一国在货币未完全可自由兑换、资本项目尚未完全对外开放情况下有限度地引进外资、开放资本市场的一项过渡性的制度安排。

23. B 【解析】市场投资组合完全由市场决定，与投资者的偏好无关。故选项B说法错误。

24. A 【解析】基金投资交易过程中的风险主要体现在两个方面：①投资交易过程中的合规风险；②操作风险。

25. D 【解析】期权合约和信用违约互换合约只有一方未来有义务，因此被称作单边合约，而不是利率互换合约。

26. B 【解析】在其他因素相同的情况下，固定利率债券比零息债券的到期收益率更高。

27. D 【解析】中位数能够免受极端值的影响，较好地反映投资策略的真实水平。

28. A 【解析】投资政策说明书的内容一般包括：①介绍；②目的陈述；③责任和义务的陈述；④流程；⑤投资目标；⑥投资限制；⑦资产配置；⑧投资指导方针；⑨业绩考核指标与业绩比较基准；⑩评估与回顾。

29. A 【解析】权证交易是可以进行当日回转的，故选项A表述错误。

30. C 【解析】远期合约并不是标准化合约，故选项C表述错误。

31. B 【解析】虽然做市商的利润来源于买卖价差，但如果买卖差价太大，做市商将很难促成交易，从而失去赚取差价的机会。另外，如果证券差价小但交易频繁，做市商仍可以赚取利润。

32. C 【解析】投资风险的主要因素包括：市场价格变化（市场风险），在规定时间和价格范围内买卖证券的难度（流动性风险），借款方还债的能力和意愿（信用风险）。

33. C 【解析】由夏普比率公式可知，A组合的 $S_p = (15\% - 5\%)/0.4 = 0.25 <$ B组合的 $S_p = (11\% - 5\%)/0.2 = 0.3$。夏普比率数值越大，代表单位总风险下超额收益率越高，基金业绩越好。故B投资组合业绩表现更优秀。

34. A 【解析】境内机构投资者在获得中国证监会颁发的境外证券投资业务许可文件后，应当按照有关规定向国家外汇管理局申请境外证券投资额度，并在国家外汇管理局核准的境外证券投资额度内进行投资。境内机构投资者应当定期向国家外汇管理局报告其额度使用及资金汇出入情况。故选项B、C、D说法正确。

35. C 【解析】对于开放式基金来说，基金的份额会随申购、赎回活动而变动，基金的定期报告中一般会披露基金份额的变动情况和基金持有人的结构。通过对基金份额变动情况和持有人结构的比较分析，可以了解投资者对该基金的认可程度。故选C。

36. B 【解析】基金资产估值是指通过对基金所拥有的全部资产及全部负债按一定的原则和方法进行估算，进而确定基金资产公允价值的过程。

37. C 【解析】QDII基金可以投资在已与中国证监会签署双边监管合作谅解备忘录的国家或地区证券监管机构登记注册的公募基金，而不是所有的公募基金，故选项C错误。

38. B 【解析】该基金的年平均收益率 = $[(1 + 20\%)^{\frac{1}{2}} - 1] \times 100\% = 9.5\%$。

39. D 【解析】评价企业盈利能力的比率有很多，其中最重要的有3种：销售利润率（ROS）、资产收益率（ROA）、净资产收益率（ROE）。这3种比率都使用的是企业的年度净利润。利息倍数不属于盈利能力指标，选项D正确。

40. A 【解析】目前我国基金和债券不收取印花税。

41. B 【解析】中国人民银行规定，质押式回购期限最长为1年，在1年之内由投资者双方自行商定回购期限。

42. D 【解析】GIPS标准要求不同期间的回报率（收益率）必须以几何平均方式相连接。

43. C 【解析】股票回购的方式主要有3种：①场内公开市场回购；②场外协议回购；③要约回购。

44. C 【解析】浮动利率债券的利息在支付日根据当前市场利率重新设定，从而在市场利率上升的环境中具有较低的利率风险，而在市场利率下行的环境中具有较高的利率风险。

45. C 【解析】沪港通的意义表现在：①刺激人民币资产需求，加大人民币交投量；②推动人民币跨境资本流动；③构建良好的人民币回流机制；④完善国内资本市场。不包含选项C。

46. A 【解析】为防范证券结算风险，我国设立了证券结算风险基金，用于垫付或弥补因违约交收、技术故障、操作失误、不可抗力等造成的证券登记结算机构的损失。

47. D 【解析】某投资组合在持有期为1年、置信水平为95%的情况下，若所计算的风险价值为5%，则表明该资产组合在1年中的损失有95%的可能性不会超过5%。

48. C 【解析】可转换债券的基本要素包括标的股票、票面利率、转换期限、转换价格、转换比例、赎回条款、回售条款等，不包括市场利率。

49. A 【解析】远期利率指的是资金的远期价格，它是指隐含在给定的即期利率中从未来某一时点到另一时点的利率水平。

50. B 【解析】股票拆分对股东权益及总市值没有影响。

51. A 【解析】财务风险又称违约风险，是企业在付息日或负债到期日无法以现金方式支付利息或偿还本金的风险，严重时可能导致企业破产或倒闭，故选项B表述错误；经营风险是指公司在经营过程中由于产业景气状况、公司管理能力、投资项目等企业个体因素，使得企业的销售额或成本显得不稳定，引起息税前利润大幅变动的可能性，故选项C表述错误；流动性风险是指投资者在买入资产后，届时无法按照公平市价进行成交的可能性，故选项D表述错误。

52. B 【解析】远期交易从成交日至结算日的期限（含成交日不含结算日）由交易双方约定，但最长不得超过365天。

53. B 【解析】另类投资的风险较高，故选项B表述错误。

54. A 【解析】相关系数是从资产回报相关性的角度分析两种不同证券表现的联动性。

55. C 【解析】在一个并非完全有效的市场上，主动投资策略更能体现其价值，所以主动投资是在市场非有效假定下的一种投资方式，故选项C表述错误。

56. C 【解析】基金份额净值是计算投资者申购基金份额以及赎回基金金额的基础。

57. D 【解析】CFA提出了最佳执行的实施框架包含了3个方面：过程、披露和记录。

58. D 【解析】β 系数小于1（大于0）时，该投资组合的价格变动幅度比市场小。

59. B 【解析】另类投资的主流形式包括私募股权、不动产和大宗商品，除此之外，还有黄金投资、碳排放权交易、艺术品和收藏品投资等其他形式。

60. A 【解析】有效前沿是由全部有效投资组合构成的集合。

61. B 【解析】β系数的局限性在于：①通常β系数是用投资组合与基准指数的历史收益数据计算而来的，无法反映新的变化；②β系数会随着计算所使用的历史时间区间的变化而变化，特别是时间区间较短时；③对于投资管理人来说，要在短期内达到一个特定的β系数的目标，是非常困难的；④在应用β系数进行投资组合对比时，需要注意所使用数据的时间区间。

62. D 【解析】货币时间价值是指货币随着时间的推移而发生的增值。

63. D 【解析】权益资本是通过发行股票或置换所有权筹集的资本，而不是发行债券，故选项 D 表述错误。

64. B 【解析】股票是一种无限期的法律凭证，故选项 B 表述错误。

65. C 【解析】基金净值增长率的波动程度可以用标准差来计量，并通常按月计算。在净值增长率服从正态分布时，可以期望 2/3（约 67%）的情况下，净值增长率会落入平均值正负 1 个标准差的范围内，95% 的情况下基金净值增长率会落在正负 2 个标准差的范围内。

66. D 【解析】货币市场工具具有期限短、流动性高风险低的特点。

67. C 【解析】远期合约市场的效率较低，故选项 C 表述错误。

68. A 【解析】复核、审查基金管理人计算的基金资产净值和基金份额申购、赎回价格，是基金托管人的职责。

69. B 【解析】题干描述的是回购协议的概念。

70. D 【解析】与基准不同并不意味着投资组合的业绩表现会与基准有显著区别。有的组合主动比重很高，但其持仓与基准有较高的相关性。

71. C 【解析】在目前的法规下，开放式债券基金的杠杆率上限为 140%，封闭式债券基金的杠杆率上限为 200%。

72. C 【解析】指定区间越长，最大回撤指标就越不利，而不是期限越短，故选项 C 表述错误。

73. B 【解析】我国债券市场的场内交易场所主要是指上海证券交易所和深圳证券交易所。

74. D 【解析】根据《营业税改征增值税试点过渡政策的规定》，对下列金融商品转让收入免征增值税：香港市场投资者（包括单位和个人）通过基金互认买卖内地基金份额、证券投资基金（封闭式证券投资基金、开放式证券投资基金）管理人运用基金买卖股票、债券。根据《关于进一步明确全面推开营改增试点金融业有关政策的通知》，证券投资基金开展质押式买入返售取得的金融同业往来利息收入免征增值税。根据《营业税改征增值税试点有关事项的规定》，机构投资者买卖基金份额属于金融商品转让，应按卖出价扣除买入价后的余额为销售额计征增值税。

75. D 【解析】除Ⅰ、Ⅲ、Ⅳ项，还包括设立证券结算风险基金。

76. C 【解析】根据题干中数据可得，股票 A、B 成正相关 (+0.8)，股票 B、C 成正相关 (+0.2)，股票 A、C 负相关 (-0.4)，可见，风险水平最低的资产组合应为股票 A、C 之间的组合，即 C 项符合题意。

77. A 【解析】所有者权益包括以下 4 部分：股本；资本公积；盈余公积；未分配利润。由此可知，应计入所有者权益的金额 = 100 + 40 + 40 + 60 = 240（亿元）。

78. D 【解析】首次公开发行 (IPO)，是指拟上市公司首次面向不特定的社会公众投资者公开发行股票募集资金并上市的行为。

79. C 【解析】选项 A、B 都不属于高收益债券评级；选项 C 均属于投机级债券，即高收益债券评级；选项 D 中只有惠誉的 B+ 属于高收益债券评级。故选 C。

80. C 【解析】期货合约绝大多数通过对冲相抵消，通常用现金结算，极少实物交割。

81. C 【解析】远期利率和即期利率的区别在于计息日起点不同，即期利率的起点在当前时刻，而远期利率的起点在未来某一时刻，并不是计算方式不同。

82. A 【解析】资产负债率 = 负债 ÷ 资产 = 200 ÷ 500 × 100% = 40%，故选项 A 正确；产权比率 = 负债 ÷ 所有者权益 = 200 ÷ (500 - 200) = 2/3，故选项 B 错误；利息倍数 = 息税前利润 ÷ 利息 = (100 + 30 + 20) ÷ 20 = 7.5，故选项 C 错误；长期资本负债率 = 非流动负债 ÷ (非流动负债 + 所有者权益) = (200 - 160) ÷ (200 - 160 + 300) × 100% = 11.76%，故选项 D 错误。

83. C 【解析】期货合约通常有保证金交易，有明显的杠杆效应；而远期合约和互换合约一般没有杠杆效应。

84. C 【解析】当合约标的资产的市场规模、交易者的资金规模较大时，交易单位应该较大。

85. C 【解析】信用利差随着经济周期的扩张而缩小，随着经济周期的收缩而扩张。

86. A 【解析】根据市场条件的不同，通常有 3 种指数复制方法，即完全复制、抽样复制和优化复制。3 种复制方法所使用的样本股票的数量依次递减，但是跟踪误差通常依次增加。

87. D 【解析】当投资境外的市场时，基金面临最大的风险是汇率风险。

88. D 【解析】在成员国监管机关允许的情况下，基金投资于政府或国际组织发行或担保的证券，应投资于不少于 6 个主体发行的证券，对每个主体发行证券的投资比例不得超过 30%。

89. D 【解析】国际证监会组织是目前证券投资基金监管领域最重要的国际组织。为了实现对证券投资基金在全球范围内的有效监管，其于 1998 年 9 月发布了《证券监管目标和原则》，1994 年发布了《集合投资实业监管原则》。

90. A 【解析】净现金流为正或为负并不是判断企业财务现金流量健康的唯一指标。

91. A 【解析】我们通常用 ρ_{ij} 表示证券 i 和证券 j 的收益率之间的相关系数。

92. A 【解析】直接发行指发行主体直接将票据销售给投资人，大多数信誉良好的公司采用这种发行方式。

93. C 【解析】看涨期权在执行时，其收益为标的资产的市场价格与执行价格之差。因此，标的资产的价格越高，执行价格越低，看涨期权的价格就越高。

94. B 【解析】非法人产品包括：证券投资基金、企业年金基金、全国社保基金组合、保险产品、信托产品、基金公司特定客户资产管理计划、证券公司资产管理计划、商业银行理财产品、保险资产管理公司资管产品、RQFII 产品、QFII 产品。基金管理公司属于金融机构。

95. B 【解析】时间加权平均价格算法，是根据特定的时间间隔，在每个时间点上平均下单的算法。旨在使市场影响最小化的同时提供一个平均执行价格。

96. A 【解析】估值是指基于一系列假设对一项资产的价格进行评估的过程。如果这些假设与现实不相符时，就会导致错误的估价。所以另类投资的估值难度大，难以对资产价值进行准确评估。故选项 A 说法错误。

97. A 【解析】财险公司吸纳的保费投资期限较短，并且赔偿额度具有很大的不确定性，因此财险公司通常将保费投资于低风险资产。

98. D 【解析】当改变估值技术导致基金资产净值的变化在 0.25% 以上的，基金管理人应就所采用的相关估值技术、假设及输入值的适当性等咨询会计师事务所的专业意见。

99. D 【解析】用证券充抵保证金时，对于不同的证券，必须以证券市值或净值按不同的折算率进行折算。故选项 D 说法错误。

100. A 【解析】下行标准差 = $\sqrt{\sum_{i=1}^{n}(r_i - r_T)^2/n}$ = $\sqrt{[(2\% - 3\%)^2 + (-3\% - 3\%)^2]/2}$ ≈ 4.3%，更接近于选项 A。

《证券投资基金基础知识》真题试卷（二）参考答案及解析

1. D 【解析】基金投资的流动性风险主要表现在两方面：①基金管理人在建仓时或者在未实现投资收益而卖出证券时，可能会由于市场流动性不足而无法按预期的价格在预定的时间内买进或卖出证券；②开放式基金发生投资者赎回时，所持证券流动性不足，基金管理人被迫在不适当的价格大量抛售股票或债券，或无法满足投资者的赎回需求。

2. D 【解析】时间加权收益率的公式为：$R = (1 + R_1)(1 + R_2)\cdots(1 + R_n) - 1$，$R_1$ 表示第一次分红前的收益率，R_2 表示第一次分后到第二次分红前的收益率，Rn 以此类推。题中，$R_1 = \frac{1.9014 - 1.5151}{1.5151} = 0.2550$，$R_2 = \frac{1.8382 - (1.9014 - 0.315)}{1.9014 - 0.315}$ = 0.1587，R = (1 + 0.2550) × (1 + 0.1587) - 1 = 45.41%。

3. A 【解析】除权参考价 = (前收盘价 - 现金红利 + 配股价格 × 股份变动比例)/(1 + 股份变动比例) = [12 - (2/10) + 8 × (2/10)] ÷ [1 + (2/10) + (3/10)] = 13.4 ÷ 1.5 = 8.93（元）。

4. D 【解析】因持有股票而享有的配股权，从配股除权日起到配股确认日止，如收盘价高于配股价，如按收盘价高于配股价的差额估值。收盘价等于或低于配股价，则估值为零。

5. A 【解析】机构投资者买卖基金份额获得的差价收入，应并入企业的应纳税所得额，征收企业所得税。个人投资者从基金分配中获得的股票的股利收入、企业债券的利息收入，由上市公司、发行债券的企业和银行在向基金支付上述收入时，代扣代缴 20% 的个人所得税；个人投资者从基金分配中取得的收入暂不征收个人所得税。故 Ⅱ 两项说法错误。

6. C 【解析】企业用现金购买存货是属于流动资产的内部转换，不会改变流动比率。由速动比率 = 流动比率 - (存货/流动负债) 可知，当流动比率不变，存货增加，速动比率相应降低。

7. C 【解析】该债券目标的市场价格 = $1000/(1 + 5\%)^3$ = 863.84 ≈ 864（元）。

8. C 【解析】现货和期货市场的套利活动将对现货市场产生影响，使得现货市场的价格能够更好地反映其内在价值，故选项 C 说法错误。

9. A 【解析】短期政府债券的特点包括：①违约风险小，由国家信用和财政收入作保证，在经济衰退阶段尤其受投资者喜爱；②流动性强，交易成本和价格风险极低，十分容易变现；③利息免税，根据我国相关法律规定，国库券的利息收益免征所得税。

10. A 【解析】封闭式基金每周披露一次基金份额净值，但每个交易日也都进行估值。

11. D 【解析】合格境外机构投资者在经批准的投资额度内，可以投资于下列人民币金融工具：①在证券交易所交易或转让的股票、债券和权证；②在银行间债券市场交易的固定收益产品；③证券投资基金；④股指期货；⑤中国证监会允许的其他金融工具。

12. C 【解析】选项 C 所描述的是无杠杆公司，因为它没有债权资本。

13. C 【解析】逆回购方是证券的购买方，正回购方为证券的出售方。

14. C 【解析】市场投资组合完全由市场决定，与投资者的偏好无关。

15. D 【解析】市场利率走低时，购买债券的人增多，导致债券价格上升，但利率下降，再投资收益会下降。

16. A 【解析】长期趋势最为重要，也最容易被辨认，是投资者主要的观察对象。

17. B 【解析】在国际金融市场上，伦敦银行间同业拆借利率是被广泛采纳的基准利率。

18. B 【解析】对于申请 QDII 的证券公司而言：①各项风险控制指标符合规定标准；②净资本不低于 8 亿元人民币；③净资本与净资产比例不低于 70%；④经营集合资产管理计划业务达 1 年以上；⑤在最近一个季度末资产管理规模不少于 20 亿元人民币或等值外汇资产。

19. D 【解析】纳入强制集中清算的品种包括：浮动端参考利率为 SHIBOR 隔夜、SHIBOR 3 个月和 7 天回购定盘利率 3 个品种，期限在 5 年以下的利率互换交易。

20%，每年计息一次，3年后的终值为：$FV=10000\times(1+0.2)^3=17280$（元）。将10000元领取后进行投资3年，比3年后可领取的15000元多2280元，因此选择目前领取并进行投资更有利。

91. D 【解析】资产负债率＝（负债总额/资产总额）×100%＝(300/1000)×100%＝30%。有负债的公司被称为杠杆公司，一个拥有100%权益资本的公司被称为无杠杆公司。

92. C 【解析】机构投资者买卖基金份额暂免征收印花税；个人投资者买卖基金份额暂免征收印花税。

93. D 【解析】与质押式回购不同，买断式回购的资金融出方不仅可获得回购期间融出资金的利息收入，亦可获得回购期间债券的所有权和使用权。

94. B 【解析】按偿还期限分类，债券可分为短期债券、中期债券和长期债券。但对具体年限的划分，不同的国家又有不同的标准。短期债券，一般而言，其偿还期在1年以下。例如，美国的短期国债的期限通常为3个月或6个月。中期债券的偿还期一般为1～10年，而长期债券的偿还期一般在10年以上。

95. C 【解析】基金中基金投资的ETF基金，按所投资ETF基金估值日的收盘价估值；基金中基金投资的境内上市开放式基金，按所投资基金估值日的份额净值估值；基金中基金投资的境内上市定期开放式基金、封闭式基金，按所投资基金估值日的收盘价估值。

96. D 【解析】当期收益率，又称当前收益率，是债券的年利息收入与当前的债券市场价格的比率。当期收益率没有考虑债券投资所获得的资本利得或损失，只是债券某一期间所获得的现金收入相较于债券价格的比率。

97. A 【解析】托管人在复核、审查基金资产净值以及基金份额申购、赎回价格之前，应认真审阅基金管理公司采用的估值原则和程序。当对估值原则及技术有异议时，托管人有义务要求基金管理人作出合理解释，通过积极商洽达成一致意见。

98. B 【解析】期货合约的交易时间是固定的。每个交易所对交易时间都有严格的规定，不同的交易所可以规定不同的交易时间。

99. C 【解析】基金财务会计报告是指基金对外提供的反映基金某一特定日期的财务状况和某一会计期间的经营成果、现金流量等会计信息的文件。

100. D 【解析】无担保的存托凭证是指存券银行不通过基础证券发行公司，直接根据市场需求和自有基础证券的数量自行向投资者发行的存托凭证。无担保的存托凭证目前已经很少用。

《证券投资基金基础知识》押题试卷（二）参考答案及解析

1. C 【解析】评价企业盈利能力的比率有很多，其中最重要的3种：销售利润率、资产收益率、净资产收益率。这3种比率都使用的是企业的年度净利润。

2. A 【解析】当无风险利率升高时，卖方资金的机会成本会变高，从而看跌期权的价值随之降低。

3. C 【解析】能源类大宗商品主要包括原油、汽油、天然气、动力煤、甲醇等。钢铁属于基础原材料类大宗商品。

4. B 【解析】显性成本按照收费主体划分，包含经纪佣金、税费、交易所规费、结算所规费三个主要部分。选项B，对冲费用属于隐性成本。

5. C 【解析】投资于债券投资组合，获得的利息和收回的本金恰好满足未来现金需求，这种方法称为现金配比策略。

6. D 【解析】《中华人民共和国公司法》规定，公司除减少注册资本、与持有本公司股份的其他公司合并、将股票奖励给本公司职工外，不得回购本公司股票。

7. A 【解析】境内机构投资者进行境外证券投资时，可以委托境外投资顾问为其提供证券买卖建议或投资组合管理等服务。境外投资顾问应当符合下列条件：①在境外设立，经所在国家或地区监管机构批准从事投资管理业务；②所在国家或地区证券监管机构已与中国证监会签订双边监管合作谅解备忘录，并保持着有效的监管合作关系；③经营投资管理业务达5年以上，最近一个会计年度管理的证券资产不少于100亿美元或等值货币；④有健全的治理结构和完善的内控制度，经营行为规范，最近5年没有受到所在国家或地区监管机构的重大处罚，没有重大事项正在接受司法部门、监管机构的立案调查。

8. D 【解析】全球领先的另类投资管理人包括桥水、TH房地产、黑石、麦格理集团等。

9. C 【解析】私募股权投资起源和盛行于美国。

10. B 【解析】货币市场基金一般每日结转损益。

11. A 【解析】三号指令允许UCITS基金的管理公司在提供基金管理服务之外，可同时为个人或机构提供投资组合管理服务，以及作为非核心业务的投资咨询、基金保管和行政事务管理服务。

12. B 【解析】远期合约通常用实物交割。

13. A 【解析】按名义金额计算的互换合约已成为交易量最大的金融衍生工具。

14. B 【解析】麦考利久期指的是债券本息所有现金流的加权平均到期时间，即债券投资者收回全部本金和利息的平均时间。

15. C 【解析】个人投资者从封闭式基金分配中获得的企业债券差价收入，按照现行税法规定，应对个人投资者征收个人所得税，税款由封闭式基金在分配时依法代扣代缴。

16. B 【解析】债券基金指的是基金资产80%以上投资于债券的基金。

17. A 【解析】另类投资的优点主要有提高投资回报和分散风险。

18. B 【解析】经合组织国家内部，投资基金又被称作"集合投资计划"，该组织于20世纪六七十年代率先在国际范围内进行投资基金监管标准的研究和制定。

19. B 【解析】有保证债券根据保证的形式不同，可分为抵押债券、质押债券和担保债券。

20. A 【解析】随机变量是对所有可能值按其发生概率大小加权后得到的平均值。

21. A 【解析】经纪人是为买卖双方介绍交易以获取佣金的中间商人。

22. B 【解析】交易所上市交易的可转换债券按当日收盘价作为估值全价。

23. B 【解析】转换比例指的是每张可转换债券能够转换成普通股股数。

24. C 【解析】短期融资券的期限不超过1年，交易品种有3个月、6个月、9个月、1年。

25. B 【解析】印花税、过户费、经手费和证管费由登记公司或交易所按有关规定收取。交易佣金由证券公司按成交金额的一定比例向基金收取。

26. A 【解析】无论期限的长短，央行票据的交易流通起始日均为债券债务登记日当天。

27. C 【解析】所得免疫策略有现金配比策略、久期配比策略、水平配比策略。

28. D 【解析】近年来我国互换合约市场高速增长，互换合约也成为许多投资组合的重要组成部分。目前，中国外汇交易中心人民币利率互换参考利率包括上海银行间同业拆放利率（含隔夜、1周、3个月期品种）、国债回购利率（7天）、1年期定期存款利率，互换限期从7天到3年，交易双方可协商确定付息频率、利率重置期限、计算方式等合约条款。

29. A 【解析】场内证券交易场所是指在证券交易所内按一定的时间、一定的规则集中买卖已发行证券而成的市场。

30. C 【解析】SWIFT是环球银行间金融通信协会的英文缩写。

31. A 【解析】申请QDII资格的基金管理公司，净资产不得少于2亿元人民币。

32. D 【解析】基金管理公司应履行计算并公告基金资产净值的责任，确定基金份额申购、赎回价格；托管人应履行复核、审查基金管理公司计算的基金资产净值和基金份额申购、赎回价格的责任。

33. C 【解析】《关于证券投资基金管理公司在香港设立机构的规定》对基金管理公司申请设立香港特区（或其他境外地区）分支机构主要提出的要求包括：具备设立分支机构的基本条件、全面评估经营状况、保持良好的财务状况、加强风险管理、申请审批、重大事项报告。

34. B 【解析】利率互换有两种形式：息票互换和基础互换。

35. D 【解析】投资收益是指基金在经营活动中因买卖股票、债券、资产支持证券、基金等实现的差价收益，因股票、基金投资获得的股利收益，以及衍生工具投资的损益，具体包括股票投资收益、债券投资收益、资产支持证券投资收益、基金投资收益、衍生工具投资收益、股利收益等。

36. A 【解析】风险投资一般采用股权形式将资金投入具有创新性的专门产品或服务的初创型企业（start-up）。初创型企业可能仅有少量员工，也可能基本上不存在收益。

37. C 【解析】企业投资者买卖基金份额暂免征收印花税。

38. C 【解析】常用的免疫策略主要包括所得免疫、价格免疫和或有免疫。

39. A 【解析】执行缺口是理想交易与实际交易收益的差值。

40. D 【解析】市场风险是指基金投资行为受到宏观政治、经济、社会等环境因素对证券价格所造成的影响而面对的风险。政策风险、经济周期性波动风险、利率风险、购买力风险、汇率风险等都属于市场风险。

41. B 【解析】自由现金流贴现模型的指标体现了公司所有权利要求者，包括普通股股东、优先股股东和债权人的现金流总和。

42. D 【解析】凸性对于投资者是有利的，在其他情况特性时，投资者应当选择凸性更高的债券进行投资，故选项D表述错误。

43. C 【解析】债券信用风险的监控指标主要有债券基金所持债券的平均信用等级、各信用等级的占比以及单个债券或发行人特定的信用风险。

44. D 【解析】投资者承担的基金费用包括赎回费、申购费和基金转换费，基金托管费由基金资产承担。

45. B 【解析】破产清算是指私募股权基金运营对象企业经营失败，项目以破产而告终，被迫退出的一种形式。

46. D 【解析】纳斯达克证券交易所是美洲的。

47. D 【解析】同价位申报，依照申报时序决定优先顺序，即买卖方向、价格相同的，先申报者优先于后申报者。先后顺序按证券交易所交易主机接受申报的时间确定。

48. A 【解析】在衍生工具中，在未来买入合约标的资产（或者买入合约标的资产权利）的一方称为多头。

49. C 【解析】大额可转让存单的二级市场流动性的大小取决于做市商的数量。

50. B 【解析】托管人结算模式分为两级结算：一级结算由托管人作为结算参与人代表托管资产与中国结算公司完成净额交收；二级结算由托管人根据交易和清算数据拆分计算后与托管资产组合完成二级交收。

51. A 【解析】按付息方式分类，可以将债券分为息票债券和贴现债券。

52. A 【解析】非系统风险是由于公司特定的经营环境或特定事件变化引起的不确定性的增加，包括财务风险、经营风险、流动性风险等。

53. C 【解析】对证券投资基金从证券市场中得到收入，包括买卖股票、债券的差价收入，股权的股息、红利收入，债券的利息收入及其他收入，暂不征收企业所得税。

54. D 【解析】中国人民银行规定，到期交易净价加债券在回购期间的新增应计利息应大于首期交易净价。

55. B 【解析】对于一些重大事务的决定，如公司合并、分立、解散等则需要股东投票表决通过。

56. D 【解析】ABS贷款的种类是其他债务贷款，如汽车消费贷款、学生贷款、信用卡应收款等。

57. D 【解析】封闭式基金当前利润应先弥补上一年度亏损，然后才可进行当年分配。并且法律规定，封闭式基金年度利润分配比例不得低于基金年度已实现利润的90%，因此则有本年度最少应分配收益=(300-100)×90%=180(万元)。

58. C 【解析】对于B股，虽然没有过户费，但中国结算公司要收取结算费。在上海证券交易所，结算费是成交金额的0.5‰。

59. A 【解析】通常情况下，再融资发行的股票会使流通的股票增加5%~20%。

60. C 【解析】作为一种事后计算指标，冲击成本难以精确计量。

61. A 【解析】研究部是基金投资运作的基础部门，通过对宏观经济形势、行业状况、上市公司等进行详细分析和研究，提出行业资产配置建议，并选出具有投资价值的上市公司建立股票池，向基金投资决策部门提供研究报告及投资计划建议。

62. A 【解析】基金的运作费是指为保证基金正常运作而发生的费用，包括审计费、律师费、上市年费、分红手续费、持有人大会费、开户费、银行汇划手续费等。过户费属于基金交易费。

63. C 【解析】2006年11月2日，中国第一只试点债券型QDII基金——华安国际配置基金发行，初始额度为5亿美元。

64. D 【解析】β系数大于0时，该投资组合的价格变动方向与市场一致；β系数小于0时，该投资组合的价格变动方向与市场相反。β系数等于1时，该投资组合的价格变动幅度与市场一致。β系数大于1时，该投资组合的价格变动幅度比市场更大。β系数小于1(大于0)时，该投资组合的价格变动幅度比市场小。

65. C 【解析】交易部负责投资组合交易指令的审核、执行与反馈。

66. C 【解析】市场风险是指基金投资行为受到宏观政治、经济、社会等环境因素对证券价格所造成的影响而面对的风险。

67. C 【解析】商业票据的特点是面额较大、利率较低，只有一级市场，没有明确的二级市场。

68. C 【解析】管理层回购是指私募股权投资基金将其所持有的创业企业股权出售给企业的管理层从而退出的方式。优点在于将外部股权全部内化，使得对象企业保持充分的独立性。

69. C 【解析】夏普比率(S_p)是诺贝尔经济学奖得主威廉·夏普于1966年根据资本资产定价模型(CAPM)提出的经风险调整的业绩测试指标。

70. D 【解析】该基金的年平均收益率$R=[\sqrt{(1+36\%)}-1]×100\%=16.6\%$。

71. C 【解析】普通股票是最基本、最常见的一种股票，其持有者享有股东的基本权利和义务。

72. A 【解析】转换比例=可转换债券面值/转换价格=250/25=10。

73. A 【解析】大宗商品具有同质化、可交易等特征，供需和交易量都非常大。

74. D 【解析】基金投资风格分析的3种分析为：持仓集中度分析、基金持仓基本规模分析和基金持仓成长性分析。

75. A 【解析】指令驱动的成交原则如下：①价格优先原则。较高的买入价格总是优于较低的买入价格，而较低的卖出价格总是优于较高的卖出价格；②时间优先原则。如果在同一价格上有多笔交易指令，此时会遵循"先到先得"的原则，即买卖方向相同、价格一致的，优先成交委托时间较早的交易。在某些特定情况下，还有其他优先原则可以遵循，如成交量最大原则等。

76. C 【解析】2005年，我国资产证券化开始试点，2007年进入扩大试点阶段。

77. D 【解析】常见的算法交易策略包括：成交量加权平均价格算法、时间加权平均价格算法、跟量算法和执行缺口算法。

78. A 【解析】为了防止机构仅展示业绩良好的组合，GIPS规定投资管理机构将所有可自由支配于预期投资策略并收取管理费的组合，根据相同策略或投资目标，纳入至少一个以上的组合群。

79. A 【解析】对香港市场投资者通过基金互认买卖、继承、赠予内地基金份额，按照内地现行税制规定，暂不征收印花税。

80. C 【解析】基金投资于一个成员国政府或其地方政府、非成员国政府、成员国参加的国际组织发行或担保的可转让证券，比例可提高到35%。

81. D 【解析】为了有效地进行基金业绩评价，对基金业绩必须加以考虑的因素有：风险和收益；基金管理规模；时间区间。基金的价格不属于考虑的因素。

82. B 【解析】风险测度可以分成事前和事后两类。事后风险测度通常用来评价一个组合在历史上的表现和风险情况，而事前风险测度则通常用来衡量和预测目前组合在将来的表现和风险情况。

83. A 【解析】结算代理制度是指经中国人民银行批准可以开展结算代理业务的金融机构法人，受市场参与者的委托，为其办理债券结算业务的制度。

84. C 【解析】债券通的开通，标志着人民币国际化的重要进展，也是中国扩大金融市场特别是银行间债券市场开放的有力举措。

85. B 【解析】目前，国际上可交易的贵金属大宗商品主要包括黄金、白银、铂金等。

86. A 【解析】我国的黄金交易市场包括上海黄金交易所和上海期货交易所。

87. D 【解析】詹森α(Jensen's α)同样也是在CAPM上发展出的一个风险调整差异衡量指标。它衡量的是基金组合收益中超过CAPM模型预测值的那一部分超额收益。

88. C 【解析】基金进行利润分配会导致基金份额净值的下降。

89. D 【解析】对于一般的投资者而言，影响投资需求的关键因素主要包括：投资目标(包括风险容忍度、收益要求)、投资限制(包括流动性需求、投资期限、税收政策、法律法规要求、特殊需求)。

90. D 【解析】在指令驱动市场上，指令是交易的核心。

91. C 【解析】共同对手方的引入，使得交易双方无须担心交易对手的信用风险，有利于增强投资信心和活跃市场交易。

92. D 【解析】基金会计核算的内容主要包括：证券和衍生工具交易核算、权益核算、利息和溢价核算、费用核算、基金申购与赎回核算、估值核算、利润核算、基金财务会计报告以及基金会计核算的复核。

93. A 【解析】企业年金是指企业年金计划筹集的资金及投资运营收益形成的企业补充养老保险基金。

94. A 【解析】定期存款一般有3个月、6个月、1年、2年、3年、5年等期限，故期限是确定的。

95. D 【解析】目前,我国证券投资基金托管费按日计提，按月支付。

96. B 【解析】利率风险对固定利率债券和零息债券特别重要。

97. A 【解析】一般来说，首次公开发行伴随着巨大的资本利得，被认为是最佳退出渠道。

98. D 【解析】选项A、B、C用以反映货币市场基金风险的3个主要指标。

99. C 【解析】报价驱动中，最为重要的角色是做市商，因此报价驱动市场也被称为做市商制度。

100. B 【解析】对于长期投资者而言，应该关注的是实际收益率。因为实际收益率能够反映资产的实际购买能力的增长率，而名义收益率仅仅反映了资产名义数值的增长率。

《证券投资基金基础知识》
模拟试卷(一)~(二)
参考答案及解析(见软件)

20. D 【解析】主动收益即相对于基准的超额收益，其计算方法如下：主动收益＝证券组合的真实收益－基准组合的收益。

21. A 【解析】当货币市场基金前10名份额持有人的持有份额合计超过基金总额的20%时，货币市场基金投资组合的平均剩余期限不得超过90天。

22. B 【解析】选项B是关于AIFMD指令的相关内容。AIFMD结束了成员国对另类投资基金的监管各自为政且水平各异的状态，协调成员国对另类投资基金的活动实现有效监管。

23. D 【解析】选项D应该为最近3年没有受到监管机构的重大处罚，没有重大事项正在接受司法部门、监管机构的立案调查。

24. B 【解析】由于现代企业最重要的经营目标就是最大化股东财富，因而净资产收益率是衡量企业最大化股东财富能力的比率。

25. D 【解析】"自上而下"的层次分析法即为宏观—行业—个股的三步估值法。

26. C 【解析】债券的发行人包括中央政府、地方政府、金融机构及企业。

27. B 【解析】互换合约是指交易双方约定未来某一时期相互交换某种合约标的资产的合约。

28. D 【解析】投资者需求的影响因素：投资目标（包括风险容忍度、收益要求）、投资限制（包括流动性要求、投资期限、税收政策、法律法规要求、特殊需求）。

29. C 【解析】零息债券以低于债券的面值发行，而不是以债券面值发行。

30. C 【解析】Ⅰ、Ⅱ、Ⅲ、Ⅳ、Ⅴ项都属于不动产投资。

31. D 【解析】在一个弱有效市场上，任何为了预测未来证券价格走势而对以往价格、交易量等历史信息所进行的技术分析都是徒劳的，故选项D表述错误。

32. C 【解析】佣金包含了交给监管部门的监管费，所以不只归证券公司所有。

33. B 【解析】下一年度该金融产品的期望收益率$E(r)$＝10%×10%＋50%×8%＋40%×3%＝6.2%。

34. D 【解析】投资组合管理的反馈由监控和再平衡、业绩评估组成。

35. A 【解析】选项B是按照期权的执行时间分类；选项C是按照期权的标的物分类；选项D是按照期权买方的权利分类。

36. D 【解析】在固定收益平台进行的固定收益证券现券交易实行净价申报，申报价格变动单位为0.001元。

37. C 【解析】选项C应该为基金管理人认为属于紧急故障的任何情况，会导致基金管理人不能出售或评估基金资产，而不是基金托管人。

38. A 【解析】场外交易则指银行间国债回购市场，参与者包括中国人民银行、商业银行（包括非国有商业银行）、证券公司、基金管理公司等金融机构。

39. A 【解析】评价企业盈利能力时，我们最常用到的是净资产收益率。

40. D 【解析】资产负债率＝负债÷资产，故选项D说法错误。

41. C 【解析】应付账款属于流动负债，而不是流动资产。

42. C 【解析】复利是指每经过一个计息期，要将所生利息加入本金再计利息的方法。

43. B 【解析】正态分布是最重要的一类连续型随机变量分布，而不是离散型，故选项A表述错误；正态分布密度函数的显著特点是中间高两边低，而不是中间低两边高，故选项C表述错误；正态分布距离均值越近的地方数值越集中，而在离均值较远的地方数值则很分散，故选项D表述错误。

44. A 【解析】资产净利润率＝净利润÷资产平均总额；净资产收益率＝净利润÷所有者权益；权益乘数＝资产÷所有者权益；杜邦分析法下的净资产收益率＝销售利润率×总资产周转率×权益乘数。根据杜邦分析法，权益乘数大，净资产收益率大，故选项A表述错误。

45. B 【解析】原则上，股票收益互换双方按照收益轧差后的净额进行支付，不发生本金交换。

46. A 【解析】战略资产配置是在一个较长投资期限内以追求长期回报为目标的资产配置，而不是通过发现套利机会，低买高卖，以提高投资组合收益，故选项A说法错误。

47. D 【解析】股票型基金一般要求在股票资产上的配置比例不低于80%，债券型基金在股票资产上的配置比例一般不超过20%，混合型基金选择的范围比较广，介于股票型和债券型之间（即不符合股票和债券投资比例的）。

48. C 【解析】P/E是从股东的角度出发，而EV/EBITDA是从全体投资人的角度出发。

49. A 【解析】市场冲击产生的交易成本属于隐性成本，故选项A说法错误。

50. D 【解析】历史模式法所选用的历史样本期间非常重要，故选项D说法错误。

51. B 【解析】公司型基金是企业法人实体，具有完整的公司结构和运作方式，选项A错误；公司型基金的基金管理人会受到股东的严格监督管理，选项B正确；合伙型基金不具有独立的法人地位，选项C错误；信托型基金不具有法律实体地位，选项D错误。

52. B 【解析】主动投资的目标是扩大主动收益，缩小主动风险，提高信息比率；而被动投资是追求同时减小跟踪偏离度和跟踪误差，故选项B表述错误。

53. C 【解析】选项C应该为在过去3个月内该股票的日均换手率不得低于基准指数日均换手率的15%。

54. C 【解析】题干所述为风险价值的概念。

55. D 【解析】对存在活跃市场的投资品种，在估值日有报价的，除会计准则规定的例外情况外，应将该报价不加调整地应用于该资产或负债的公允价值计量；估值日无报价且最近交易日后未发生影响公允价值计量的重大事件的，应采用最近交易日的报

价确定公允价值；有充足证据表明估值日或最近交易日的报价不能真实反映公允价值的，应对报价进行调整，确定公允价值。对不存在活跃市场的投资品种，应采用在当前情况下适用并且有足够可利用数据和其他信息支持的估值技术确定公允价值。

56. C 【解析】为防范证券结算风险，我国设立了证券结算风险基金，用于垫付或弥补因违约交收、技术故障、操作失误、不可抗力等造成的证券登记结算机构的损失。

57. B 【解析】买断式回购到期资金结算额＝（到期交易净价＋到期结算日应计利息）×（回购债券数量/100）。

58. C 【解析】目前证券公司收取的佣金不得高于证券交易金额的3‰。

59. C 【解析】深交所证券的收盘价通过集合竞价的方式产生。

60. D 【解析】除了佣金和税费等显性成本，交易过程中的隐性成本，如买卖价差、冲击成本、对冲费用、机会成本等，往往容易被忽视。选项D为显性成本。

61. C 【解析】基金份额净值＝(10×30＋50×20＋100×10＋1000－500－500)÷2000＝1.15(元)。

62. C 【解析】我国基金资产估值的责任人是基金管理人，但基金托管人对估值结果负有复核责任。

63. D 【解析】基金份额净值＝(1.635×10000－10000÷10×0.5)÷10000＝1.585，该投资者可分得现金股利＝10000÷10×0.5＝500(元)。

64. C 【解析】与基金利润有关的财务指标包括本期利润、本期已实现收益、期末可供分配利润和未分配利润。

65. B 【解析】投资者于周五申购或转换转入的基金份额不享有周五和周六、周日的利润，投资者于周五赎回或转换转出的基金份额享有周五和周六、周日的利润。由题意可知，投资者在2017年3月17日(周五)申购了基金A份额，那么基金将从3月20日(周一)开始计算其权益，即0.62元；投资者在3月17日(周五)赎回了基金B份额，那么该基金将同时享有3月17日(周五)、3月18日(周六)和3月19日(周日)的利润，但不再享有3月20日的利润，即0.58＋0.55＋0.50＝1.63(元)。故在此期间小张从基金A和B可以享有的基金分配利润总额为0.62＋1.63＝2.25(元)。

66. B 【解析】基金运作费用一般指保障基金正常运作而发生的应由基金承担的费用，它不包括交易佣金。

67. D 【解析】货币的时间价值跟时间长短有关。

68. B 【解析】甲公司当年销售商品提供劳务收到的现金＝550＋380＋120－20＝1030(万元)。

69. B 【解析】单个境外投资者通过合格投资者持有一家上市公司股票的持股比例不得超过该公司股票的10%。

70. D 【解析】利润表由3个主要部分构成。第一部分是营业收入；第二部分是与营业收入相关的生产性费用、销售费用和其他费用；第三部分是利润。

71. A 【解析】全额结算，也称逐笔结算，是指结算系统对每

笔债券交易都单独进行结算，一个买方对应一个卖方，当一方遇券或款不足时，系统不进行部分结算。

72. A 【解析】目前，沪港通下的港股通标的包括恒生综合大型股指数成份股、恒生综合中型股指数成份股和同时在上交所、港交所上市的A＋H公司股票。

73. C 【解析】若采用实物交割，回购利率较低。

74. B 【解析】运用战术资产配置的前提条件是基金管理人能够准确地预测市场变化、发现单个证券的投资机会，并且能有效实施动态资产配置投资方案。

75. A 【解析】当日申购的基金份额自下一个交易日起享有基金的分配权益，当日赎回的基金份额自下一个交易日起不享有基金的分配权益，中国证监会认定的特殊货币市场基金品种除外。

76. C 【解析】UCITS五号令中补充和更新的内容主要包括：(1)有关托管机构的新规定：①托管机构的资格条件；②托管机构的转授权；③托管机构的现金管理职能；④托管机构的责任承担。(2)引入管理人薪酬政策。(3)完善处罚惩戒体系。

77. B 【解析】中国证监会对基金管理公司到香港设立机构的申请进行审查，自受理之日起60日内作出批准或者不予批准的决定。

78. A 【解析】相对收益归因是通过分析基金与比较基准在资产配置、证券选择等方面的差异，来找出基金跑赢或跑输业绩比较基准的原因，选项A错误，选项B正确；绝对收益归因是考察各个因素对基金总收益的贡献，其本质是对基金总收益的分解，选项C、D正确。

79. A 【解析】合格投资者的投资本金锁定期为3个月，自合格投资者累计汇入投资本金达到等值2000万美元之日起计算。

80. D 【解析】考虑到各国法律及管理制度的不同，国际证监会组织提出了3种可供选择的模式，即母国主管机构进行检查模式、双方主管机构联合检查模式、东道国主管机构进行检查模式，来实现对东道国主管机构境内的证券投资基金管理人的实地检查。

81. D 【解析】银行提取现金，资金量未发生变动，速动比率无变化，故选项A错误。赊购商品，导致流动负债增加，速动比率降低，故选项B错误。应收账款和现金、银行存款都属于速动资产，一增一减不影响总额的变化，所以收回应收账款这项经济业务不会引起该比率提高，故选项C错误。

82. A 【解析】其他收入是指除上述收入以外的其他各项收入，包括赎回费扣除本手续费后的余额、手续费返还、ETF替代损益，以及基金管理人等机构为弥补基金财产损失而付给基金的赔偿款项等。这些收入项一般根据发生的实际金额确认。

83. D 【解析】产权比率＝负债总额/所有者权益总额，权益乘数＝资产总额/所有者权益总额，权益乘数＝1＋产权比率＝1＋负债总额/所有者权益总额＝资产总额/所有者权益总额。

84. A 【解析】股利贴现模型最早由威廉姆斯和戈登提出，

实质是将收入资本化法运用到权益证券的价值分析之中，这在概念上与债券估值方法没有本质性差别。

85．D　【解析】机构投资者买卖基金份额暂免征收印花税，故选项A表述错误；机构投资者购入基金、信托、理财产品等各类资产管理产品持有至到期，不属于金融商品转让，不征收增值税，故选项B表述错误；机构投资者从基金分配中获得的收入，暂不征收企业所得税，故选项C表述错误。

86．A　【解析】在成长期，各项技术已经成熟，产品的市场也基本形成并不断扩大，公司利润开始逐步上升，公司股价逐步上涨。

87．A　【解析】基金公司投资风险管理的步骤为识别风险、测量风险、处理风险、风险管理的评估和调整。

88．A　【解析】该债券的现值 = 1000÷(1+8%)^5 ≈ 680.58（元）。

89．D　【解析】1938年，麦考利为全面反映债券现金流的期限特性，引入久期的概念。

90．C　【解析】根据《证券投资基金会计核算业务指引》，基金的会计核算对象包括资产类、资产负债共同类、负债类、所有者权益类和损益类的核算，涉及基金申购和赎回、基金的投资交易、基金持有证券的上市公司行为、基金费用计提和支付、基金资产估值、基金利润分配等基金经营活动。

91．C　【解析】到期收益率隐含两个重要假设：一是投资者持有至到期，二是利息再投资收益率不变。

92．D　【解析】一般情况下，除非基金合同另有约定，基金持有的金融资产和承担的金融负债通常归类为以公允价值计量且其变动计入当期损益的金融资产和金融负债。

93．A　【解析】负责境外资产托管业务的境外资产托管人，其应当满足最近一个会计年度实收资本不少于10亿美元或等值货币，或托管资产规模不少于1000亿美元或等值货币。

94．C　【解析】目前股票价格指数编制的方法主要有3种，算术平均法、几何平均法和加权平均法。

95．A　【解析】自动交易是指计算机辅助的在交易过程中没有人工干预的各种交易的总称。算法交易是指计算机辅助的对特定交易决策的自动执行，本质上是一种下单策略。程序化交易是指计算机辅助的完全依据特定规则进行自动化投资决策并自动执行的交易，其更多强调的是投资决策，即通过某种策略生成交易指令，以便实现某个特定的投资目标。

96．B　【解析】自2010年1月1日起，必须至少每月一次计算组合群收益，并使用个别投资组合的收益以资产加权计算，故选项A说法错误；投资组合的收益必须以期初资产值加权计算，或采用其他能反映期初价值及对外现金流的方法，故选项B说法正确；假如实际的直接买卖开支无法从综合费用中确定并分离出来，则在计算扣除费用收益时，必须从收益中减去全部综合费用或综合费用中包含直接买卖开支的部分，而不得使用估计的买卖开支，故选项C说法错误；必须采用经现金流调整的时间加权收益率，故选项D说法错误。

97．C　【解析】《中华人民共和国证券法》规定，证券登记结算机构是为证券交易提供集中登记、存管与结算服务，不以营利为目的的法人。

98．A　【解析】大宗交易是在股市收盘之后，且成交价低于股票收盘价，故选项A说法错误。

99．D　【解析】基金作为一种进行证券投资的资产组合，与普通企业的财务会计报告的分析有很大的不同，故选项D说法错误。

100．B　【解析】除中国证监会另有规定外，QDⅡ基金可投资于下列金融产品或工具：①银行存款、可转让存单、银行承兑汇票、银行票据、商业票据、回购协议、短期政府债券等货币市场工具；②政府债券、公司债券、可转换债券、住房按揭支持证券、资产支持证券及经中国证监会认可的国际金融组织发行的证券等；③与中国证监会签署双边监管合作谅解备忘录的国家或地区证券市场挂牌交易的普通股、优先股、全球存托凭证和美国存托凭证、房地产信托凭证；④在已与中国证监会签署双边监管合作谅解备忘录的国家或地区证券监管机构登记注册的公募基金；⑤与固定收益、股权、信用、商品指数、基金等标的物挂钩的结构性投资产品；⑥远期合约、互换及经中国证监会认可的境外交易所上市交易的权证、期权、期货等金融衍生产品。

《证券投资基金基础知识》真题试卷（三）参考答案及解析

1．A　【解析】总资产周转率 = 年销售收入/年均总资产，由于(1+10%)÷(1+12%) ≈ 0.98<1，故总资产周转率降低，选项B正确。资产收益率 = 净利润/总资产，由于(1+8%)÷(1+12%) ≈ 0.96<1，故资产收益率降低，选项C正确。销售利润率 = 净利润÷销售收入，由于(1+8%)÷(1+10%) ≈ 0.98<1，销售利润率降低，选项D正确。净资产收益率 = 销售利润率×总资产周转率×权益乘数，权益乘数 = 1/(1-资产负债率)，资产负债率 = 负债总额/资产总额，(1+9%)/(1+12%)<1，故权益乘数降低。已知销售利润率降低，总资产周转率降低，权益乘数降低可得净资产收益率降低，选项A错误。

2．A　【解析】复利计算考虑利息的时间价值，故选项C说法错误；同等情况下，借款人倾向于以单利计息，贷款人倾向于以复利计息，故选项B、D说法错误。

3．B　【解析】回售条款是指可转债持有者有权在约定的条件触发时按事先约定的价格将可转债卖回给发行企业的规定。一般在股票价格下跌超过转换价格一定幅度时生效。由定义可知选项B正确。

4．B　【解析】债券违约时的受偿顺序由高到低为：有保证债券→无保证债券→优先次级债券→次级债券→劣后次级债券。担保债券属于有保证债券，故选B。

5．D　【解析】目前，中国外汇交易中心人民币利率互换参考利率包括上海银行间同业拆放利率SHIBOR（含隔夜、1周、3个月期等品种）、国债回购利率（7天）、1年期定期存款利率。

6．D　【解析】净资产收益率 = 销售利润率×总资产周转率×权益乘数。如果权益乘数不变，则净资产收益率的变化即为销售利润率、总资产周转率两者共同变化的结果，为(1-10%)×(1+10%) = 0.99，故甲公司的净资产收益率应是降低1%。

7．B　【解析】当期收益率又称当前收益率，是债券的年利息收入与当前的债券市场价格的比率。故当期收益率 = (100×10%)÷90 = 11.11%。

8．B　【解析】股票的内在价值决定股票的市场价格，股票的市场价格总是围绕其内在价值波动。故选项B说法错误。

9．C　【解析】无论是采用自上而下还是自下而上策略，基金的投资组合构建在大类资产、行业、风格以及个股几个层次上都可能受到基金合同、投资政策、基金经理能力等多方面的约束。故选项C说法错误。

10．C　【解析】基金进行利润分配会导致基金份额净值的下降，但对投资者的利益没有实际影响。

11．A　【解析】在弱势有效市场中，技术分析无效；在半强势有效市场中，基本面分析无效；在强势有效市场中，技术分析和基本面分析都无效。

12．B　【解析】股票的账面价值又称股票净值或每股净资产，是每股股票所代表的实际资产的价值。

13．C　【解析】当合约标的资产的市场规模较大时，交易单位应该较大。

14．A　【解析】美式期权允许期权买方在期权到期前的任何时间执行期权。美式期权的买方既可以在期权到期日这一天行使期权，也可以在期权到期日之前的任何一个交易时段执行期权。

15．D　【解析】不动产投资具有如下特点：①异质性；②不可分性；③低流动性。

16．C　【解析】逐笔全额结算的主要特点包括：①资金（证券）的足额以单笔交易为最小单位，资金（证券）足额则全部交收，不足则全不交收，不分拆交收；②交收时段灵活，从实时逐笔至额定交收期为T+0～T+n日不等；③交收方式多样，结算参与人可以根据需要采用货银对付、纯券过户等多种交收方式。

17．D　【解析】投资决策委员会是基金公司管理基金投资的最高决策机构，由各个基金公司自行设立，是非常设的议事机构。

18．D　【解析】房地产投资信托基金具有以下特点：①流动性强；②抵补通货膨胀效应；③风险较低；④信息不对称程度较低。

19．C　【解析】交易所发行未上市或未挂牌转让的债券，在存在活跃市场的情况下，应以活跃市场上未经调整的报价作为计量日的公允价值。活跃市场报价未能代表计量日公允价值的情况下，应对市场报价进行调整以确认计量日的公允价值；对于不存在市场活动或市场活动很少的情况下，则应采用估值技术确定其公允价值。

20．D　【解析】UCITS新增的投资品种包括：①货币市场工具；②其他投资基金；③银行存款；④金融衍生工具；⑤指数基金等。

21．D　【解析】我国的开放式基金为每个交易日估值，并于次日公告基金份额净值，故选D。

22．D　【解析】债券价格 = 100×(1+4.25%)÷(1+4%) = 100.24（元）。

23．D　【解析】跟踪偏离度 = 证券组合的真实收益率 - 基准组合的收益率。

24．D　【解析】托管人可以委托符合下列条件的境外资产托管人负责境外资产托管业务：①在中国大陆以外的国家或地区设立，受当地政府、金融或证券监管机构的监管；②最近一个会计年度实收资本不少于10亿美元或等值货币，或托管资产规模不少于1000亿美元或等值货币；③有足够的熟悉境外托管业务的专职人员；④具备安全保管资产的条件；⑤具备安全、高效的清算、交割能力；⑥最近3年没有受到监管机构的重大处罚，没有重大事项正在接受司法部门、监管机构的立案调查。

25．C　【解析】完全正相关时，相关系数等于1。

26．D　【解析】风险调整后收益指标有夏普比率、信息比率、特雷诺比率。

27．D　【解析】封闭式基金年度收益分配比例不得低于年度可供分配利润的90%，而不是高于。

28．C　【解析】当日申购的基金份额自下一日起享有基金的分配权益。

29．D　【解析】另类投资的优点包括提高收益和分散风险。

30．C　【解析】寿险公司通过人寿保险业务吸纳的保费具有较长的投资期限，通常可以投资于风险较高的资产。

31．A　【解析】投资决策委员会是基金公司管理基金投资的最高决策机构，由各个基金公司自行设立，是非常设的议事机构。交易部属于基金公司的核心保密区域，执行最严格的保密要求。故选A。

32．D　【解析】组合的预期收益 = 5%×40% + 8%×60% = 6.8%；标准差 = $\sqrt{(7\%\times40\%)^2 + (12\%\times60\%)^2 + [2\times(7\%\times40\%)\times(12\%\times60\%)\times1]}$ = 10%。

33．D　【解析】在报价驱动市场中，做市商是市场流动性的主要提供者和维持者，而在指令驱动市场中，市场流动性是由投资者的买卖指令提供的，经纪人只是执行这些指令。故选项D说法正确。

34．C　【解析】2013年9月6日，首批5年期国债期货合约正式在中国金融期货交易所推出。

35．C　【解析】浮动利率债券通常是在一个基准利率基础上加上利差以反映不同债券发行人的信用。

36．A　【解析】债券基金的久期越长，债券基金的利率风险越高，而不是越低，故选项A表述错误。

37．D　【解析】基金利润来源主要包括利息收入、投资收益、其他收入和公允价值变动损益。选项B属于投资收益；选项D属于利息收入。

38．C　【解析】普通股股东是最后一个被偿还的，剩余资产在普通股股东中按比例分配。故公司解散或破产清算时，公司的资产在不同证券持有者的清偿顺序如下：债券持有者先于优先

市价/每股收益=10/1=10。

98. A 【解析】指令驱动的成交原则如下：①价格优先原则，较高的买入价格总是优于较低的买入价格，而较低的卖出价格总是优于较高的卖出价格；②时间优先原则，如果在同一价格上有多笔交易指令，此时会遵循"先到先得"的原则，即买卖方向相同、价格一致的，优先成交委托时间较早的交易。

99. D 【解析】对通胀风险特别敏感的投资者可购买通货膨胀联结债券，其本金将随通胀水平的高低进行变化，而利息的计算由于以本金为基准也随通胀水平变化，从而可以避免通胀风险。

100. D 【解析】深圳证券交易所具体确认成交的时间规定为：①权益类证券大宗交易、债券大宗交易（除公司债券外），协议平台的成交确认时间为每个交易日15:00至15:30；②公司债券的大宗交易、专项资金管理计划协议交易，协议平台的成交确认时间为每个交易日9:15至11:30、13:00至15:30。

《证券投资基金基础知识》押题试卷（一）参考答案及解析

1. D 【解析】由图可知，当证券A的收益率上升时，证券B的收益率有时上升有时下降，故无法断定证券A与证券B的收益率是正相关的，故选项D说法错误。

2. B 【解析】净现金流NCF=经营活动产生的现金流量CFO+投资活动产生的现金流量CFI+筹（也称融资）活动产生的现金流量CFF=200+120+100=420（亿元）。

3. C 【解析】转换价格=可转换债券面值/转换比例=100/13.33=7.50（元）。

4. D 【解析】货币市场工具产生于信用活动，交易价格为利率，是固定收益证券的一部分。

5. B 【解析】许多债券都含有给予发行人或投资者某些额外权力的嵌入条款，例如赎回条款、回售条款、转换条款等。不包括承销条款，故选B。

6. B 【解析】承担风险的能力由投资者自身的投资期限、收入支出状况和资产负债状况等多因素决定。

7. D 【解析】选项D为被动投资的目标。

8. B 【解析】目前，在银行间债券市场中办理债券结算的业务系统是中债综合业务平台、上海清所的客户终端系统。

9. C 【解析】企业会计核算以企业为会计核算主体，基金会计则以证券投资基金为会计核算主体。

10. A 【解析】基金份额净值=（基金资产-基金负债）÷基金总份额=（40-10）÷20=1.5（元）。

11. B 【解析】港股通投资的股票，在基金估值日按其在港交所的收盘价估值；估值日无交易的，以最近交易日的收盘价估值。

12. B 【解析】2008年9月19日起，证券交易印花税只对出让方按1‰征收，对受让方不再征收。

13. C 【解析】2012年金融危机后，欧盟为更好地保护投资者利益，提出了UCITS五号指令的提案，并于2014年4月15日最终通过了UCITS五号指令，于2014年9月17日起正式实施。

14. A 【解析】在固定收益平台进行的固定收益证券现券交易实行净价申报，申报价格变动单位为0.001元，申报数量单位为1手（1手为1000元面值）。交易价格实行涨跌幅限制，涨跌幅比例为10%。涨跌幅价格计算公式为：涨跌幅价格=前一交易日参考价×（1±10%）。因为上一交易日的参考价为5.50元，受涨跌幅限制的影响，今日交易价格在[4.95,6.05]之间波动。

15. A 【解析】本质上，回购协议是一种证券抵押贷款，故选项B表述错误；回购协议抵押品以国债为主，故选项C表述错误；证券的出售方为正回购方，证券的购买方为逆回购方，正、逆回购是一个问题的两个方面，故选项D表述错误。

16. C 【解析】佣金是指交易成功后，投资者根据交易额，按照一定比例付给经纪人的费用，是证券交易中最普遍、最清晰的成本。据中国证券业协会提供的数据，2013年我国证券业营业收入达到了1590亿元，其中佣金收入为760亿元，占比为47.8%，是证券业收入的主要组成部分。

17. C 【解析】股价较高的公司通过股票拆分或发放股票股利的方式降低股价，可以提高股份流动性，增加股东数量并提高被收购的难度。

18. A 【解析】国内外主流基金业绩评价体系的特点包括：基金分类、方法模型；充分考虑公募基金相对收益的特征；充分考虑信息有效性因素；重点关注基金的下行风险等。

19. C 【解析】在我国，保证金交易被称为"融资融券"，融资即投资者借入资金购买证券，也叫买空交易；融券即投资者借入证券卖出，也称卖空交易，故选项A表述错误；融券交易没有平仓之前，投资者融券卖出所得资金除买券还券外，是不能用作其他用途的，故选项B表述错误；融资业务同样会放大投资收益率或损失率，如同杠杆一样增加了投资结果的波动幅度，故选项D表述错误。

20. D 【解析】选项A，增值型基金投资者着眼于资本快速增长，由此带来资本增值，风险高、收益也高；选项B，积极成长型基金的目标是获取最大资本利得，投资标的以具有高度发展潜力但目前股利不多或并无股利分派之新兴产业或刚设立公司的普通股为主；选项C，指数型基金完全复制某一指数的组合。

21. A 【解析】交易所上市交易的可转换债券按当日收盘价作为估值全价。

22. D 【解析】黄金ETF投资的黄金现货实盘合约按估值日金交所的当日收盘价估值，估值日无交易的，以最近交易日的收盘价估值。

23. C 【解析】如果证券价格已经反映了影响价格的全部信息，那么该证券市场被称为强有效证券市场。

24. D 【解析】收益率曲线以期限为横坐标，以收益率为纵坐标的直角坐标系上显示出来。主要有3种类型：①正收益曲线（或称上升收益曲线），其显示的期限结构特征是短期债券收益率较低，而长期债券收益率较高；②反转收益曲线（或称下降收益曲线），其显示的期限结构特征是短期债券收益率较高，而长期债券收益率较低；③水平收益曲线，其特征是长短期债券收益率基本相等。

25. B 【解析】在当前中国，合格境外机构投资者（QFII）是一类重要的机构投资者，QFII在中国境内的投资受到包括主体资格、资金流动、投资范围和投资额度等方面的限制。

26. B 【解析】普通股股东有分配盈余及剩余财产的权利。但分配多少股利取决于公司的经营成果、再投资需求和管理者对支付股利的看法。优先股没有到期期限，无须归还股本，每年有一笔固定的股息，是相当于永久年金（没有到期期限）的债券，但其股息一般比债券利息要高一些。

27. A 【解析】证券的回转交易是指投资者买入的证券，经确认成交后，在交收完成前全部或部分卖出。深圳证券交易所对专项资产管理计划收益权份额协议交易实行当日回转交易。

28. A 【解析】有些成长收益投资者擅长于帮助企业上市。和风险投资者及前期成长收益投资者相比，这类投资者更偏好于在后期给企业提供外资本来协助上市。

29. A 【解析】跟踪误差产生的原因包括：①复制误差，指数基金无法完全复制的指数配置结构会带来结构性偏离；②现金留存，由于有现金留存，投资组合不能全部投资于指数标的；③各项费用，基金运行有管理费、托管费，交易证券产生佣金、印花税等；④其他影响，分红因素和交易证券时的冲击成本也会对跟踪误差产生影响。

30. D 【解析】衡量货币市场基金的风险指标主要有投资组合平均剩余期限和平均剩余存续期、融资回购比例、浮动利率债券投资情况以及投资对象的信用评级等。

31. D 【解析】债权资本是一种借入资本，代表了公司的合约义务，因此债权持有者/债权人拥有公司资产的最高索取权。接着是优先股股东。在公司解散或破产清算时，优先股股东优先于普通股股东分配公司剩余财产。普通股股东是最后一个被偿还的，剩余资产在普通股股东中按比例分配。故公司解散或破产清算时，公司的资产在不同证券持有者中的清偿顺序如下：债券持有者先于优先股股东，优先股股东先于普通股股东。

32. B 【解析】该投资者进行的是融券业务。维持担保比例=（现金+信用证券账户内证券市值总和）/（融资买入金额+融券卖出证券数量×当前市价+利息及费用总和）。设投资者需要追加x万元的保证金，列式（40+x+8×10）/（10×10）=130%，可解得x=10（万元），即该投资者需要追加10万元的保证金才能持续130%的担保比例。

33. A 【解析】根据复利现值公式$PV=\frac{FV}{(1+i)^n}$可知，当给定利率及终值时，取得终值的时间越长，该终值的现值就越低，故选项B表述错误；单、复利现值公式分别为$PV=\frac{FV}{(1+i\times t)}$、$PV=\frac{FV}{(1+i)^n}$，在其他条件相同的情况下，按单利计息的现值要高于用复利计息的现值，故选项C表述错误；利率为正时，现值小于终值，故选项D表述错误。

34. C 【解析】货币市场工具一般指短期的（1年之内）、具有高流动性的低风险证券，具体包括银行回购协议、定期存款、商业票据、银行承兑汇票、短期国债、中央银行票据等。

35. D 【解析】期货合约绝大多数通过对冲抵销，而期权合约则是买方根据当时的情况判断行权对自己是否有利来决定行权与否，故选项A表述错误；期货合约包括买卖双方在未来应尽的义务，与此相反，期权合约只有卖方在未来有义务，故选项B表述错误；期货合约通常用保证金交易，因此有明显的杠杆，期权合约中买方需要支付权利费，而卖方则需要缴纳保证金，也会有杠杆效应，故选项C表述错误。

36. D 【解析】检验基金经理市场时机把握能力的模型包括T-M模型、H-M模型和C-L模型。

37. A 【解析】本期已实现收益指基金本期利息收入、投资收益、其他收入（不含公允价值变动损益）扣除相关费用后的余额，是将本期利润扣除本期公允价值变动损益后的余额，反映基金本期已经实现的损益。

38. C 【解析】资产负债表，它是根据"资产=负债+所有者权益"等式编制的，说法正确。

39. D 【解析】选项A、B，买壳上市或借壳上市是资本运作的一种方式，属于间接上市方法，为不能直接进行IPO的私募股权投资项目提供退出途径；选项C，管理层回购是指私募股权基金将其所持有的创业企业股权出售给企业的管理层从而退出的方式；选项D，二次出售是指私募股权基金将其持有的项目在私募股权二级市场出售的行为，二次出售常常用于缓解私募股权基金紧急的资金需求。

40. A 【解析】资产负债表中，所有者权益包括以下4部分：①股本，即按照面值计算的股本金；②资本公积，包括股票发行溢价、法定财产重估增值、接受捐赠资产、政府专项拨款转入等；③盈余公积，又分为法定盈余公积和任意盈余公积；④未分配利润，指企业留待以后年度分配的利润或待分配利润。选项A属于企业的资产。

41. B 【解析】基金进行利润分配会导致基金份额净值的下降。基金利润分配前的份额净值是1.23元，每份基金分配0.05元，则分配后基金份额净值=1.23-0.05=1.18（元）。

42. A 【解析】有的股票基金每年的净值增长率可能相差很大，也有的股票基金可能较小。

43. C 【解析】一般情况下，货币市场基金财务杠杆的运用程度越高，其潜在的收益可能越高，但风险相应也越大。另外，按照规定，除非发生巨额赎回，货币市场基金债正回购的资金余额不得超过20%。

44. D 【解析】商业票据是指发行主体为满足流动资金的需求所发行的期限为2至270天的、可流通转让的债务工具。商业票据的特点主要有3点：①面额较大；②利率较低，通常比银行优惠利率低，比同期国债利率高；③只有一级市场，没有明确的二级市场。

45. C 【解析】风险价值，又称在险价值、风险收益、风险报酬,是指在给定的时间区间内和给定的置信水平下,利率、汇率等市场风险要素发生变化时,投资组合所面临的潜在最大损失。

46. C 【解析】风险价值是指在给定的时间区间内和给定的置信水平下,利率、汇率等市场风险要素发生变化时,投资组合所面临的潜在最大损失。由于该资产组合的持有期为10天,置信水平为99%,风险价值为10万元,意味着在10天中的损失有99%的可能性不会超过10万元。

47. A 【解析】货银对付通过实现资金和证券的同时划转,可以有效规避结算参与人交收违约的风险,大大提高证券交易的安全性。

48. D 【解析】贝塔可以理解为某资产或资产组合对市场收益变动的敏感性。贝塔值越大的股票,在市场波动的时候,其收益的波动也就越大。

49. D 【解析】除中国证监会另有规定外,QDII基金不得有下列行为:①购买不动产;②购买房地产抵押贷款;③购买贵金属或代表贵重金属的凭证;④购买实物商品;⑤除应付赎回、交易清算等临时用途以外,借入现金,该临时用途借入现金的比例不得超过基金、集合计划资产净值的10%;⑥利用融资购买证券,但投资金融衍生产品除外;⑦参与未持有基础资产的卖空交易;⑧从事证券承销业务;⑨中国证监会禁止的其他行为。

50. C 【解析】投资者的风险容忍度取决于其承担风险的能力和意愿,通常认为承担风险的意愿对个人投资者更为重要。

51. A 【解析】除B、C、D3项外,具备设立分支机构的基本条件还包括:①公司最近1年内没有因违法违规行为受到行政处罚或者刑事处罚;②拟设立的子公司、分支机构有符合规定的名称、办公场所、业务人员、安全防范设施及与业务有关的其他设施;③中国证监会规定的其他条件。

52. D 【解析】对于各类艺术品和收藏品,存在特征和质量方面难以描绘的差别,因此,对投资价值的评估较为困难。

53. D 【解析】房地产权益基金,是指从事房地产项目收购、开发、管理、经营和销售的集合投资制度,可能会以股份公司、有限合伙公司或契约型基金的形式存在。

54. D 【解析】基于收益率的风格分析需要20~36个月的业绩,所以此方法不适用于新的投资组合或不能检验短期内风格的变化;且依赖于基准指数的选择,当基准指数相关性较低时较不准确。

55. D 【解析】投资者于法定节假日前最后一个开放日申购或转换转入的基金份额不享有该日和整个节假日期间的利润,投资者于法定节假日前最后一个开放日赎回或转换转出的基金份额享有该日和整个节假日期间的利润。

56. C 【解析】证券市场线是以资本市场线为基础发展起来的;资本市场线给出了所有有效投资组合风险与预期收益率之间的关系,但没有指出每一风险资产的风险与收益之间的关系,而证券市场线则给出了每一个风险资产风险与预期收益率的关系。

57. D 【解析】选项A是一号指令的内容;选项B、C均为三号指令新增内容,但不是最大突破;选项D,UCITS三号指令与UCITS一号指令相比最大的突破在于为UCITS管理公司提供了"欧盟护照",即在欧盟任何一个成员方都可设立UCITS管理公司,欧盟各成员方不得为非本国的UCITS管理公司设置额外障碍。

58. C 【解析】2010年5月,中国证券业协会公布了第一批具有协会会员资格的基金评价机构名单,主要包括:①3家证券投资咨询机构及独立基金评价机构,分别为:晨星资讯(深圳)有限公司、天相投资顾问有限公司、北京济安金信科技有限公司;②4家证券公司,分别为:中国银河证券股份有限公司、海通证券股份有限公司、招商证券股份有限公司、上海证券有限责任公司;③3家基金评奖机构,分别为:中国证券报社、上海证券报社、深圳证券时报社有限公司。

59. B 【解析】证券交易所的组织形式有会员制和公司制两种,我国上海证券交易所和深圳证券交易所都采用会员制,设会员大会、理事会和专门委员会。

60. A 【解析】依据股票基金所持有的全部股票的平均市值、平均市盈率、平均市净率等指标,可以对股票基金的风格暴露进行分析。选项A,跟踪误差是指指数基金收益率与标的指数收益率之间的偏差,用来表述指数基金与标的指数之间的相关程度。

61. B 【解析】提前赎回风险又称为回购风险,是指债券发行者在债券到期日前赎回有提前赎回条款的债券所带来的风险。债券发行人通常在市场利率下降时执行提前赎回条款,因此债券持有人只好将收益和本金再投资于其他利率更低的债券,导致再投资风险。可赎回债券和大多数的住房贷款抵押支持证券允许债券发行人在到期日前赎回债券,此类债券面临提前赎回风险。

62. B 【解析】远期合约是指交易双方约定在未来的某一确定的时间,按约定的价格买入或卖出一定数量的某种合约标的资产的合约。远期合约是一种非标准化的合约,即远期合约一般不在交易所交易,而是在金融机构之间或金融机构与客户之间通过谈判后签署的。

63. A 【解析】买卖价差在很大程度上是由证券类型及其流动性决定的,大盘蓝筹股票流动性较好,买卖价差小;小盘股则反之。成熟市场,如美国市场的股票,流动性较好,价差较小;而新兴市场买卖价差则较大。

64. C 【解析】贝塔系数(β)是评估证券或投资组合系统性风险的指标,反映的是投资对象对市场变化的敏感度。贝塔系数可以通过相关系数计算得到 $\beta_p = \rho_{p,m} \times \frac{\sigma_p}{\sigma_m} = 0.6 \times 0.49 \div 0.32 \approx 0.92$。

65. A 【解析】对在交易所上市交易的可转换债券按当日收盘价为估值全价。

66. C 【解析】对于公司型基金,要求核准基金章程和基金托管人,故选项A表述错误;对于单位信托而言,要求核准基金管理人、基金托管人和基金规则,故选项B表述错误;基金管理人、托管人、基金规则及基金章程的改变均要获得监管机关的批准,故选项D表述错误。

67. D 【解析】基金运作费是指为保证基金正常运作而发生的应由基金承担的费用,包括审计费、律师费、上市年费、分红手续费、持有人大会费、开户费、银行汇划手续费等。

68. A 【解析】如果投资者希望以即时的市场价格进行证券交易,就会下达市价指令。另外,在连续竞价交易中,证券价格是不断变化的,在投资者下达市价指令后仍可能发生变化,这时投资者将要面临新的市场价格。

69. D 【解析】信息比率的计算公式与夏普比率类似,但引入了业绩比较基准的因素,因此是对相对收益率进行风险调整的分析指标。用公式可以表示为:$IR = \frac{\overline{R_p} - \overline{R_b}}{\sigma_{p-b}}$,式中:$\overline{R_p}$ 表示投资组合平均收益率;$\overline{R_b}$ 表示业绩比较基准平均收益率,两者之差为超额收益;σ_{p-b} 表示跟踪误差。

70. B 【解析】如果在两个具有相同收益率的证券之间进行选择,风险厌恶的投资者都会选择风险较小的,而舍弃风险较大的。

71. A 【解析】制定投资政策说明书的好处体现在多个方面:①能够帮助投资者制定切合实际的投资目标;②能够帮助投资者将其需求真实、准确、完整地传递给投资管理人,有助于管理人更加有效地执行满足投资者需求的投资策略,避免双方之间的误解;③有助于合理评估投资管理人的投资业绩。

72. D 【解析】大额可转让定期存单是银行发行的具有固定期限和一定利率的,且可以在二级市场上转让的金融工具。大额可转让定期存单原则上不能提前支取,只能在二级市场上转让。

73. D 【解析】隐性成本包括买卖价差、冲击成本、机会成本、对冲费用等。

74. C 【解析】做市商的利润主要来自证券买卖差价,而经纪人的利润则主要来自给投资者提供经纪业务的佣金。

75. B 【解析】按照一般的意义,开盘价和收盘价分别是交易日证券的首、尾买卖价格。根据我国现行的交易规则,交易所证券交易的开盘价为当日该证券的第一笔成交价。证券的开盘价格通过集合竞价方式产生。不能产生开盘价的,以连续竞价方式产生。

76. D 【解析】相关系数ρ处于+1和−1之间,亦即$|\rho|\leq 1$。若$\rho=1$,则表示完全正相关;相反,若$\rho=-1$,则表示完全负相关。如果两个变量间完全独立,无任何关系,即零相关,它们之间的相关系数$\rho=0$。

77. D 【解析】基金投资管理的三大根本能力为风险管理能力、证券选择能力和时机选择能力。投资组合管理首要的是风险管理,要在控制风险的基础上创造稳定、可持续的超额收益,超额收益的来源主要通过证券选择和时机选择。证券选择能力为基金通过选择价值被低估的证券产生额外收益的能力。

78. D 【解析】UCITS基金投资于规定以外的可转让证券不高于基金资产的10%;投资于可转让的并可确定价值的债券的比例也不得高于10%。两者之和也不能高于10%,故选项A、B、C错误。

79. C 【解析】境外投资者的境内证券投资,应当遵循下列持股比例限制:①单个境外投资者通过合格投资者持有一家上市公司股票的,持股比例不得超过该公司股份总数的10%;②所有境外投资者对单个上市公司A股的持股比例总和,不超过该上市公司股份总数的30%。

80. C 【解析】衍生工具只要支付少量保证金或权利金就可以买入。如果期货交易保证金为合约金额的5%,则可以控制20倍于所投资金额的合约资产,实现小资金撬动大资金,这也在很大程度上决定了衍生工具所具有的高风险性。

81. C 【解析】私募基金所受的法律约束比公募基金少。

82. A 【解析】根据《集合投资计划治理白皮书》关于法律法规框架部分的内容,所有投资基金都应当在合适的法律法规框架下经营,投资基金的设立没有唯一最优的形式,监管当局在投资基金治理框架的构建过程中起到决定性作用,基金运作的国内标准应与国际公认的准则相一致。

83. D 【解析】股票拆分对公司的资本结构和股东权益不会产生任何影响,一般只会使发行在外的股票总数增加,每股面值降低,并由此引起每股收益和每股市价下降,而股东的持股比例和权益总额及其各项权益余额都保持不变。

84. C 【解析】基金管理人依据法律、法规和基金合同负责基金的经营和管理操作。基金托管人负责保管基金资产,执行管理人有关指令,办理基金名下的资金往来。选项C属于基金管理人的职责,故选C。

85. B 【解析】机构投资者具有很多不同的类型,它们有各不相同的投资要求及投资约束,故选项A表述错误;规模较大,内部管理的成本相对于投资规模的比例就越低,故选项C表述错误;机构投资者可能根据内部专家意见来选择投资经理,也可能寻求外部顾问的意见,故选项D表述错误。

86. D 【解析】常用的财务杠杆比率包括:资产负债率、权益乘数和负债权益比率、利息倍数。

87. C 【解析】流动性是指股票可以依法自由地进行交易的特征。股票持有人虽然不能直接从股份公司退股,但可以在股票市场上很方便地卖出股票来变现,在收回投资(可能大于或小于原投资额)的同时,将股票所代表的股东身份及其各种权益让渡给受让者。

88. B 【解析】保证金制度是指在期货交易中,任何交易者必须按其所买入或者卖出期货合约价值的一定比例交纳资金的制度。

89. D 【解析】将1元存在2年期的账户,第2年末它将增加至$(1+s_2)^2$;将1元存储于1年期账户,同时1年后将收益$(1+s_1)$以预定利率f出借,第2年收到的货币数量为$(1+s_1)(1+f)$。根据无套利原则,存在$(1+s_2)^2=(1+s_1)(1+f)$,则$f=(1.04)^2/1.03-1=0.0501\approx 5.01\%$。

90. C 【解析】若将10000元领取后进行投资,年利率为

第二部分 押题试卷

《证券投资基金基础知识》押题试卷(一)

答题卡 本试卷采用虚拟答题卡技术

考生扫描右侧二维码,可将答题选项填入虚拟答题卡中,题库系统自动整理错题,并生成完整的答案及解析。
(注:首次扫码后需先关注"未来金融网校"公众号)

(考试题型均为单项选择题,共100小题,每小题1分,共100分)

1. 证券A与证券B的收益率分布关系如下图所示。在以下说法中,错误的是( )。

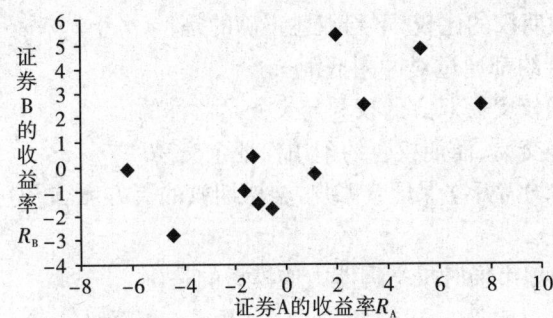

   A. 证券A与证券B的相关系数小于1
   B. 当证券A上涨时,证券B上涨的可能比较大
   C. 证券A与证券B的相关系数大于证券B与证券A的相关系数
   D. 证券A与证券B的收益率是正相关的

2. 2017年度,某公司现金流表中,经营活动生产的现金流量为200亿元,投资活动生产的现金流量为120亿元,筹资活动产生的现金流量为100亿元,则净现金流为( )亿元。
   A. 300   B. 420   C. 320   D. 220

3. 三一转债发行面值100元,转换比例为13.33,2017年3月11日该债券收盘价109.94元,标的股票三一重工收盘价5.28元,则该日转股价格为( )元。
   A. 5.28   B. 8.28   C. 7.50   D. 20.82

4. 货币市场产生于信用活动,其交易价格为( )。
   A. 汇率   B. 存款准备金率   C. 超储率   D. 利率

5. 许多债券都含有给予发行人或投资者某些额外权力的嵌入条款,以下不属于此类条款的是( )。
   A. 赎回条款   B. 承销条款   C. 回售条款   D. 转换条款

6. 以下哪一个因素不影响投资者的风险承受能力( )。
   A. 资产负债状况   B. 投资者的风险厌恶程度
   C. 投资期限   D. 收入支出状况

7. 关于主动投资,以下描述错误的是( )。
   A. 主动投资的业绩主要取决于投资者掌握的信息深度和信息广度
   B. 主动收益可能为正,也可能为负
   C. 追求主动收益会使得投资结果偏离基准组合
   D. 主动投资的目标是同时减少跟踪偏离度和跟踪误差

8. 下列系统中,在银行间债券市场中办理债券结算的是( )。
   A. 中国现代化支付系统   B. 中债综合业务平台
   C. 中国外汇交易中心本币交易平台   D. 交易所大宗交易平台

9. 基金会计以( )为会计审核主体。
   A. 基金托管人   B. 证券投资基金   C. 基金投资人   D. 基金管理人

10. A基金的基金总资产为40亿元,总负债为10亿元,发行在外的基金总份数为20亿份,则该基金的基金份额净值为( )元。
    A. 1.5   B. 2   C. 1   D. 2.5

11. 港股通投资的股票,在基金估值日,按其在港交所的( )估值;估值日无交易的,以( )估值。
    A. 结算价;最近交易日的结算价   B. 收盘价;最近交易日的收盘价
    C. 最近交易日的收盘价;收盘价   D. 最近交易日的结算价;结算价

12. 2008年8月19日起,我国证券交易印花税税率标准调整为( )。
    A. 对出让方和受让方分别按1‰征收   B. 对出让方按1‰征收,对受让方不再征收
    C. 对出让方不再征收,对受让方按1‰征收   D. 对出让方和受让方均不再征收

13. UCITS五号令于( )起正式实施。
    A. 2014年4月15日   B. 2014年7月23日   C. 2014年9月17日   D. 2011年7月1日

14. 某固定收益证券现券在固定收益平台进行交易,上一交易日的参考价格为5.50元,那么今日交易价不可能为( )元。
    A. 4.85   B. 5.05   C. 5.85   D. 6.05

15. 在货币市场工具中,下列关于回购的表述,正确的是( )。
    A. 回购协议是指资金需求方在出售证券的同时与证券的购买方约定在一定期限后按约定价格购回所卖证券的交易行为
    B. 回购协议是一种信用贷款协议
    C. 抵押品以企业债券为主
    D. 证券的购买方为正回购方,证券的出售方为逆回购方

16. 我国证券业收入的主要组成部分是( )。
    A. 买卖价差   B. 印花税   C. 佣金   D. 过户费

17. 关于股票拆分和股票股利,下列说法错误的是( )。
    A. 不改变股东权益   B. 可以提高股份流动性
    C. 降低被收购的难度   D. 向投资者传递公司发展前景良好的信息

18. 以下属于国内外主流基金业绩评价体系特点的有( )。
    Ⅰ. 基金分类   Ⅱ. 方法模型
    Ⅲ. 充分考虑公募基金相对收益的特征   Ⅳ. 充分考虑信息有效性因素
    A. Ⅰ、Ⅱ、Ⅲ、Ⅳ   B. Ⅱ、Ⅲ、Ⅳ   C. Ⅰ、Ⅲ、Ⅳ   D. Ⅰ、Ⅱ、Ⅳ

19. 关于卖空交易,下列说法正确的是( )。
   A. 投资者借入资金购买证券
   B. 平仓之前,投资者卖空所得资金可用于其他用途
   C. 投资者向证券公司借入一定数量的证券卖出
   D. 会缩小投资收益率或损失率

20. 投资于具有发展潜力的股票,但是较为保守的基金投资风格是( )。
   A. 增值型　　B. 积极成长型　　C. 指数型　　D. 稳健成长型

21. 下列关于具体投资品种估值方法错误的是( )。
   A. 交易所上市交易的可转换债券按当日开盘价作为估值全价
   B. 交易所上市的股指期货以估值当日结算价进行估值
   C. 交易所上市的资产支持证券,按成本估值
   D. 送股、转增股、配股和公开增发新股等发行未上市股票,按交易所上市的同一股票的市价估值

22. 黄金 ETF 投资的黄金现货实盘合约按估值日金交所的( )估值,估值日无交易的,以( )估值。
   A. 当日收盘价;最近结算价　　B. 当日结算价;最近收盘价
   C. 当日结算价;最近结算价　　D. 当日收盘价;最近收盘价

23. 如果证券价格中已经反映了影响价格的全部信息,那么该证券市场被称为( )。
   A. 半强有效证券市场　　B. 弱有效证券市场　　C. 无效证券市场　　D. 强有效证券市场

24. 反转收益曲线意味着( )。
   A. 短期债券收益率较低,而长期债券收益率较高
   B. 长短期债券收益率基本相等
   C. 短期债券收益率和长期债券收益率差距较大
   D. 短期债券收益率较高,而长期债券收益率较低

25. QFII 在中国境内的投资受到的限制不包括( )方面。
   A. 投资额度　　B. 投资地域　　C. 主体资格　　D. 资金流动

26. 下列关于优先股与普通股说法错误的是( )。
   A. 代表对公司的所有权　　B. 收益不固定
   C. 正常经营情况下不会偿还给投资人　　D. 同属于权益资本

27. 深圳证券交易所对专项资产管理计划收益权份额协议交易实行( )回转交易。
   A. 当日　　B. 次交易日　　C. 次日　　D. 滚动日

28. ( )更偏好于在后期给企业提供额外资本来协助上市。
   A. 成长权益投资者　　B. 保荐机构　　C. 机构投资者　　D. 风险投资者

29. 跟踪误差产生的原因不包括( )。
   A. 完全复制　　B. 复制误差　　C. 现金留存　　D. 各项费用

30. 以下属于衡量货币市场基金的风险指标包括( )。
   Ⅰ. 投资组合平均剩余期限
   Ⅱ. 投资组合平均剩余存续期
   Ⅲ. 融资回购比例
   Ⅳ. 浮动利率债券投资情况
   Ⅴ. 投资对象的信用评级
   A. Ⅱ、Ⅲ、Ⅳ、Ⅴ　　B. Ⅰ、Ⅲ、Ⅳ、Ⅴ　　C. Ⅰ、Ⅱ、Ⅳ、Ⅴ　　D. Ⅰ、Ⅱ、Ⅲ、Ⅳ、Ⅴ

31. 股份有限公司因破产或解散进行清算时,公司剩余资产清偿的先后顺序是( )。
   A. 优先股股东、普通股股东、债权人　　B. 普通股股东、优先股股东、债权人
   C. 债权人、普通股股东、优先股股东　　D. 债权人、优先股股东、普通股股东

32. 某投资者信用账户中有现金40万元保证金,该投资者选定证券 A 进行证券卖出。证券 A 的最近成交价为每股8元,该投资者融券卖出10万股。第二天,该股票价格上升到每股10元,不考虑利息和费用,该投资者需要追加( )保证金才能持续130%的担保比例。
   A. 不需要追加　　B. 10万元　　C. 5万元　　D. 50万元

33. 下列关于现值的说法,正确的是( )。
   A. 当给定终值时,贴现率越高,现值越低
   B. 当给定利率及终值时,取得终值的时间越长,该终值的现值就越高
   C. 在其他条件相同的情况下,按单利计息的现值要低于用复利计息的现值
   D. 利率为正时,现值大于终值

34. 下列各类金融资产中,货币市场工具不包括( )。
   A. 银行承兑汇票　　B. 中央银行票据　　C. 3年期国债　　D. 回购协议

35. 关于金融期货与金融期权的比较,下列叙述正确的是( )。
   A. 期货合约和期权合约都通过对冲相抵销
   B. 金融期货与金融期权交易双方的权利与义务是对称的
   C. 期货合约用保证金交易,而期权合约不用保证金交易
   D. 金融期货交易双方均需开立保证金账户,金融期权的买方无须开立保证金账户,也无须缴纳保证金

36. 以下不是检验基金经理市场时机把握能力的模型的是( )。
   A. T－M 模型　　B. H－M 模型　　C. C－L 模型　　D. C－M 模型

37. 与基金利润有关的财务指标中,本期利润和本期已实现收益的关系是( )。
   A. 本期已实现收益＝本期利润－本期公允价值变动损益
   B. 本期利润＝本期已实现收益－本期公允价值变动损益
   C. 本期利润＝本期已实现收益
   D. 两者没有关系

38. 下列关于"资产负债表"的表述,其正确的有( )。
   A. 它是反映一定时期内财务成果的报表
   B. 它是一张损益报表
   C. 它是根据"资产＝负债＋所有者权益"等式编制的
   D. 流动资产排在左方,非流动资产排在右方

39. ( )常用于缓解私募股权基金紧急的资金需求。
   A. 买壳上市　　B. 借壳上市　　C. 管理层回购　　D. 二次出售

40. 资产负债表的下列科目中,不属于所有者权益的是( )。
   A. 长期股权投资　　B. 资本公积　　C. 股本　　D. 未分配利润

41. 一只基金在利润分配前的份额净值是1.23元,假设每份基金分配0.05元,进行利润分配后的基金份额净值将会下降到( )元。
   A. 1.16　　B. 1.18　　C. 1.23　　D. 1.28

20. 随机变量它是对所有可能取值按照其发生概率大小加权后得到的( )。
    A. 平均值　　　　　B. 最大值　　　　　C. 最小值　　　　　D. 中间值
21. ( )是为买卖双方介绍交易以获取佣金的中间商人。
    A. 经纪人　　　　　B. 中介商　　　　　C. 投资咨询人　　　D. 投资管理者
22. 以下关于基金估值方法的表述错误的是( )。
    A. 对停止交易但未行权的权证一般采用估值技术确定公允价值
    B. 交易所上市交易的可转换债券按当日结算价估值
    C. 交易所上市交易的不存在活跃市场的有价证券采用估值技术确定公允价值
    D. 首次发行未上市的股票采用估值技术确定公允价值
23. ( )指的是每张可转换债券能够转换成普通股股数。
    A. 转换价格　　　　B. 转换比例　　　　C. 转换数量　　　　D. 转换利率
24. 短期融资券的交易品种不包括( )。
    A. 3个月　　　　　B. 9个月　　　　　C. 2年　　　　　　D. 6个月
25. ( )不是由登记公司或交易所按有关规定收取。
    A. 印花税　　　　　B. 交易佣金　　　　C. 过户费　　　　　D. 经手费和证管费
26. 无论期限的长短,央行票据的交易流通起始日均为债券债务( )。
    A. 登记日当天　　　　　　　　　　　　B. 登记日次日
    C. 登记日次工作日　　　　　　　　　　D. 债券缴款次日
27. 不属于所得免疫策略的是( )。
    A. 现金配比策略　　　　　　　　　　　B. 价格免疫策略
    C. 久期配比策略　　　　　　　　　　　D. 水平配比策略
28. 近年来我国互换合约市场高速增长,互换合约也成为许多投资组合的重要组成部分,目前,中国外汇交易中心人民币利率互换参考利率不包括( )。
    A. 上海银行间同业拆放利率　　　　　　B. 国债回购利率
    C. 1年期定期存款利率　　　　　　　　D. 3年期定期存款利率
29. ( )是指在证券交易所内按一定的时间、一定的规则集中买卖已发行证券而成的市场。
    A. 场内证券交易场所　　　　　　　　　B. 场外证券交易场所
    C. 柜台证券交易场所　　　　　　　　　D. OTC
30. SWIFT 是( )的缩写。
    A. 环球市场间通信协会　　　　　　　　B. 环球银行间通信协会
    C. 环球银行间金融通信协会　　　　　　D. 环球银行间金融协会
31. 申请 QDII 资格的基金管理公司,净资产不得少于( )亿元人民币。
    A. 2　　　　　　　　B. 3　　　　　　　　C. 5　　　　　　　　D. 20
32. 有关基金估值,托管人应复核、审查基金管理公司计算的数据中不包括( )。
    A. 基金份额申购价格　　　　　　　　　B. 基金资产净值
    C. 基金份额赎回价格　　　　　　　　　D. 每位基金持有人的持有份额

33. 《关于证券投资基金管理公司在香港设立机构的规定》对基金管理公司申请设立香港特区(或其他境外地区)分支机构主要提出的要求不包括( )。
    A. 具备设立分支机构的基本条件　　　　B. 全面评估经营状况
    C. 高级管理人员离职报备　　　　　　　D. 加强风险管理
34. 利率互换的两种形式是( )。
    Ⅰ. 息票互换　　Ⅱ. 基础互换　　Ⅲ. 本金互换　　Ⅳ. 利息互换
    A. Ⅰ、Ⅲ　　　　　B. Ⅰ、Ⅱ　　　　　C. Ⅱ、Ⅲ　　　　　D. Ⅲ、Ⅳ
35. 投资收益指基金经营活动中因( )等而实现的损益。
    A. 利息收入　　　　B. 结算备付金　　　C. 银行存款　　　　D. 买卖股票
36. ( )一般采用股权形式将资金投入提供具有创新性的专门产品或服务的初创型企业。
    A. 风险投资　　　　　　　　　　　　　B. 并购投资
    C. 危机投资　　　　　　　　　　　　　D. 私募股权二级市场投资
37. 根据有关规定,对企业投资者买卖基金份额暂免征收( )。
    A. 增值税　　　　　B. 消费税　　　　　C. 印花税　　　　　D. 所得税
38. 下列不属于债券基金经理通常使用的免疫策略的种类是( )。
    A. 或有免疫　　　　B. 所得免疫　　　　C. 受益免疫　　　　D. 价格免疫
39. ( )是理想交易与实际交易收益的差值。
    A. 执行缺口　　　　　　　　　　　　　B. 买卖差价
    C. 资本损失　　　　　　　　　　　　　D. 资本损益
40. 关于市场风险,以下说法错误的是( )。
    A. 政策风险、经济周期性波动风险等都属于市场风险
    B. 市场风险是指基金投资行为受到由宏观政治、经济、社会等环境因素对证券价格所造成的影响而面对的风险
    C. 利率风险、购买力风险、汇率风险等都属于市场风险
    D. 由人为失误、合同纠纷等引起的风险为市场风险
41. ( )的指标体现了公司所有权利要求者,包括普通股股东、优先股股东和债权人的现金流总和。
    A. 股利贴现模型　　　　　　　　　　　B. 自由现金流贴现模型
    C. 股权资本自由贴现模型　　　　　　　D. 超额收益贴现模型
42. 下列关于债券的凸性的说法,不正确的有( )。
    A. 大多数债券价格与收益率的关系都可以用一条向下弯曲的曲线来表示,这条曲线的曲率就被称作债券的凸性
    B. 对于凸性为正的债券,收益率升高时,斜率是较小的负值,久期估算价格的下降幅度大于实际价格的下降幅度
    C. 凸性对于投资者是有利的,在其他特性相同时,投资者应当选择凸性更高的债券进行投资
    D. 凸性对于投资者是不利的,在其他特性相同时,投资者应当选择凸性更低的债券进行投资

43. 债券信用风险的监控指标包括债券基金所持有的债券的（　　）等。
   A. 平均市值和平均市盈率
   B. 平均市净值和平均市净率
   C. 平均信用等级、各信用等级债的占比
   D. 信用等级、控制企业债比例

44. 投资者承担的基金费用不包括（　　）。
   A. 赎回费　　　　B. 申购费　　　　C. 基金转换费　　　　D. 基金托管费

45. （　　）是指私募股权基金运营对象企业经营失败，项目以破产而告终，被迫退出的一种形式。
   A. 二次出售　　　B. 破产清算　　　C. 管理层回购　　　D. 买壳上市

46. 欧洲主要的证券交易所不包括（　　）。
   A. 伦敦证券交易所　　　　B. 法兰克福证券交易所
   C. 布鲁塞尔证券交易所　　D. 纳斯达克证券交易所

47. 时间优先原则是指（　　）。
   A. 同价位申报，依照申报时序决定优先顺序，即买卖方向、价格相异的，先申报者优先于后申报者
   B. 同价位申报，依照申报时序决定优先顺序，即买卖方向、价格相同的，后申报者优先于先申报者
   C. 同价位申报，依照申报资格决定优先顺序，即买卖方向、价格相同的，先申报者优先于后申报者
   D. 同价位申报，依照申报时序决定优先顺序，即买卖方向、价格相同的，先申报者优先于后申报者

48. 在衍生工具中，在未来买入合约标的资产（或者有买入合约标的资产权利）的一方称为（　　）。
   A. 多头　　　　B. 空头　　　　C. 做空　　　　D. 买空

49. 大额可转让存单的二级市场流动性的大小取决于（　　）。
   A. 存单发行的形式　B. 做市商的种类　C. 做市商的数量　D. 投资者的数量

50. 一级结算由托管人作为结算参与人代表托管资产与（　　）完成净额交收。
   A. 证券交易所　　B. 中国结算公司　　C. 证券托管公司　　D. 证券业协会

51. 按付息方式分类，可以将债券分为息票债券和（　　）。
   A. 贴现债券　　B. 零息债券　　C. 金融债券　　D. 可转换债券

52. 下列不属于非系统风险的是（　　）。
   A. 利率波动　　B. 财务风险　　C. 经营风险　　D. 流动性风险

53. 关于基金税收的表述，错误的是（　　）。
   A. 目前，我国证券投资基金买入股票时暂不征收印花税
   B. 我国证券投资基金卖出股票需要征收印花税
   C. 证券投资基金取得的债券差价收入依照税法的规定征收企业所得税
   D. 证券投资基金取得的债券利息收入由债券发行企业支付利息时，代扣代缴个人所得税

54. 中国人民银行规定，到期交易净价加债券在回购期间的新增应计利息应（　　）首期交易净价。
   A. 不大于　　　B. 小于　　　C. 不小于　　　D. 大于

55. 对于一些重大事务的决定，如公司合并、分立、解散等，需要（　　）投票表决通过。
   A. 独立董事　　　B. 股东　　　C. 执行董事　　　D. 监事

56. 下列关于结构化债券的说法中，错误的是（　　）。
   A. 包括住房抵押贷款支持证券（MBS）和资产支持证券（ABS）
   B. 购买结构化债券的投资者通常定期获得资金池里的一部分现金
   C. MBS资金流来自住房抵押贷款人的定期还款
   D. MBS贷款的种类包括汽车消费贷款、学生贷款、信用卡应收款等

57. 某封闭式基金2016年实现净收益-100万元，2017年实现净收益300万元，那么此基金最少应分配收益（　　）万元。
   A. 0　　　　B. 200　　　　C. 270　　　　D. 180

58. 对于B股，中国结算公司要收取结算费，在上海证券交易所，结算费是成交金额的（　　）。
   A. 0.5%　　　B. 1%　　　C. 0.5‰　　　D. 0.75‰

59. 通常情况下，再融资发行的股票会使流通的股票增加（　　）。
   A. 5%~20%　　B. 10%~25%　　C. 15%~25%　　D. 10%~20%

60. 下列关于冲击成本的说法中，错误的是（　　）。
   A. 冲击成本是交易指令下达后形成的市场价格与交易没有下达情况下市场可能的价格之间的差额
   B. 冲击成本是购买流动性的成本
   C. 冲击成本很容易精确计量
   D. 信息泄露会导致冲击成本

61. 关于基金公司投资管理部门设置，以下表述正确的是（　　）。
   A. 研究部是基金投资运作的基础部门，向基金投资决策部门提供研究报告及投资计划建议
   B. 投资决策委员会向交易部下达交易指令
   C. 交易部是基金投资运作的基础部门，负责建立股票池，提出行业资产配置建议
   D. 投资部是基金公司管理基金投资的最高决策机构

62. 基金的运作费不包括（　　）。
   A. 过户费　　B. 持有人大会费　　C. 审计费　　D. 上市年费

63. 2006年11月2日，中国第一只试点债券型QDII基金（　　）发行。
   A. 工银瑞信全球　　　　B. 上投摩根亚太优势
   C. 华安国际配置基金　　D. 广发亚太精选

64. 下列对β系数的使用表达正确的是（　　）。
   A. β系数小于0时，该投资组合的价格变动方向与市场一致
   B. β系数大于0时，该投资组合的价格变动方向与市场相反

股股东,优先股股东先于普通股股东。

39. D 【解析】基金的存款利息收入计提方式为按日计提。

40. B 【解析】证券交易所的组织形式大致可以分为两类,即公司制和会员制。

41. A 【解析】短期趋势最难预测,唯有投机交易者才会重点考虑,故选项 A 表述错误。

42. C 【解析】当前市盈率的高低,表明投资者对该股票未来价值的主要观点,而不是市净率。

43. A 【解析】初创型企业可能仅有少量员工,可能基本上不存在收益,也有可能只是一个创业构想或一份商业计划书,故选项 A 表述错误。

44. A 【解析】私募股权投资的退出机制包括:①首次公开发行;②买壳上市或借壳上市;③管理层回购;④二次出售;⑤破产清算。

45. C 【解析】投资者和证券公司之间的股票收益互换有 3 种模式:固定利率和股票收益的互换、股票收益和固定利率的互换、股票收益和股票收益的互换。

46. A 【解析】信息比率(IR)引入了业绩比较基准的因素,因此是对相对收益率进行风险调整的分析指标。

47. D 【解析】过户费是委托买卖的股票、基金成交后,买卖双方为变更证券登记所支付的费用。这笔收入属于中国结算公司的收入,由证券经纪商在同投资者清算交收时代为扣收。

48. B 【解析】基金估值工作小组对没有活跃市场或在活跃市场不存在相同特征的资产或负债报价的投资品种提出估值指引,并定期对其出台的估值指引进行评估和修订。故选项 B 说法错误。

49. C 【解析】机构投资者买卖基金份额获得的差价收入应计入企业的应纳税所得额,征收企业所得税。

50. A 【解析】信托型基金的参与主体主要为基金投资者、基金管理人及基金托管人,故选项 A 表述错误;基金投资者通过购买基金份额,享有基金投资收益,故选项 B 表述正确;基金管理人依据法律、法规和基金合同负责基金的经营和管理操作,故选项 C 表述正确;基金托管人负责保管基金资产,执行管理人有关指令,办理基金名下的资金往来,故选项 D 表述正确。

51. A 【解析】2008 年 9 月 19 日,证券交易印花税只对出让方按 1‰征收,对受让方不再征收。

52. C 【解析】股票投资占基金资产净值的比例为股票投资/基金资产净值。

53. C 【解析】认购股权持有者行权,即购买股票,公司要增发股票,所以公司发行在外的股份增加。

54. A 【解析】开放式基金的收益分配默认为采用现金方式。

55. B 【解析】基金份额分拆可以降低投资者对价格的敏感性,有利于改善基金份额持有人结构,故选项 B 表述正确。

56. C 【解析】中外合资基金管理公司外资持股比例或者拥有权益的比例,累计(包括直接持有和间接持有)不得超过我国证券业对外开放所做的承诺。目前,外资持股比例上限为不超过 49%;允许符合条件的港资金融机构按照内地有关规定在内地设立合资基金管理公司,港资持股比例可达 50%以上。

57. D 【解析】题干所述体现了衍生工具具有跨期性。

58. A 【解析】$20 \times (1 + 5.5\%)^t = 40$,则 $t = 13.09$。

59. B 【解析】题干所述情形属于行业生命周期的成熟期。

60. C 【解析】"自上而下"的层析分析法的 3 步分别是:①宏观经济分析;②行业分析;③公司内在价值与市场价格分析。

61. C 【解析】题干所述为国内生产总值(GDP)的概念。

62. C 【解析】一旦投资者的投资目标和投资限制被确定下来,投资管理人的下一个任务便是完成投资政策说明书的制定。

63. B 【解析】资产负债表反映了企业在特定时点的财务状况,而不是一定会计区间。

64. D 【解析】从全局最小方差开始,最小方差前沿的上半部分成为马科维茨有效前沿,简称有效前沿,故选项 A 说法正确;有效前沿是能够达到的最优的投资组合的集合,它位于所有资产和资产组合的左上方,故选项 B、C 说法正确;有效前沿上的投资组合为有效组合,其特点是包含了所有风险资产,所以称有效组合是完全分散化的投资组合,故选项 D 说法错误。

65. D 【解析】经常用来反映数据一般水平的统计量指的是均值。

66. D 【解析】若 $\rho_{ij} = -1$,则表示 R_i 和 R_j 完全负相关。

67. D 【解析】现金流量表的基本结构分为 3 部分:①经营活动产生的现金流量;②投资活动产生的现金流量;③筹资(也称融资)活动产生的现金流量。

68. B 【解析】上升收益曲线显示短期债券收益率较低,而长期债券收益率较高,即短期低,长期高。

69. A 【解析】4 个选项中,只有 ETF 是指数基金。

70. D 【解析】私募股权投资最为广泛使用的战略包括:①风险投资;②成长权益;③并购投资;④危机投资;⑤私募股权二级市场投资。

71. A 【解析】把已知数据按由小到大的顺序重新排序后为 5,6,8,9,10,12,13,20,25,30,由此可知中位数为 $(10 + 12)/2 = 11$。

72. A 【解析】一般而言,进行资产配置主要考虑的因素包括:①影响投资者风险承受能力和收益要求的各项因素;②影响各类资产的风险、收益状况以及相关关系的资本市场环境因素;③资产的流动性特征与投资者的流动性要求相匹配的问题;④投资期限;⑤税收考虑。

73. C 【解析】有效前沿是能够达到的最优的投资组合的集合。

74. C 【解析】题干为战略资产配置的概念。

75. B 【解析】大额可转让定期存单的期限较短,一般在 1 年以内,最短的是 14 天,以 4 个月、6 个月为主。

76. C 【解析】法玛依据时间维度,把信息划分为:①历史信息;②公开可得信息;③内部信息。

77. A 【解析】算法交易实现了人工不能完成的优化策略的过程,实现最优化的策略,达到了减少市场冲击和降低交易成本的目的。

78. D 【解析】优先股在公司剩余财产分配上有优先权,但一般无表决权,故选项 D 说法错误。

79. B 【解析】按发行主体分类,债券可分为政府债券、金融债券、公司债券等。

80. A 【解析】β 系数越大,对市场指数的敏感性越强。由题干所述,A 证券的 β 系数更高,故敏感性更强。

81. B 【解析】期货合约通常用保证金交易,因此有明显的杠杆。期权合约买方需要支付期权费,而卖方则需要缴纳保证金,也会有杠杆效应。故选项 B 说法正确。

82. C 【解析】由于投资政策说明书中涉及的投资者需求会不断变化,因此,投资政策说明书在制定之后也不能一成不变,需要定期或不定期地进行更新,故选项 C 说法错误。

83. B 【解析】中国结算公司是我国的证券登记结算机构,该公司在上海和深圳两地各设一家分公司。

84. C 【解析】B 实行次交易日起回转交易,故选项 C 表述错误。

85. D 【解析】股东人数不少于 4000 人。

86. B 【解析】本题题干所述为除权除息的概念。

87. B 【解析】本题考查货银对付的概念。

88. B 【解析】期货不属于银行间债券市场的交易品种,期货在期货交易所进行交易。

89. C 【解析】通过对每种证券的期望收益率、收益率的方差和每一种证券与其他证券之间的相互关系(用协方差来度量)这三类信息的适当分析,可以在理论上识别出有效投资组合。

90. A 【解析】贝塔系数大于 1 时,该资产组合的价格变动幅度比市场更大,故选项 A 说法正确。

91. C 【解析】衍生工具的特点有:①跨期性;②杠杆性;③联动性;④不确定性或高风险性。

92. C 【解析】该股票组合的收益率 $= 14\% \times 40\% + 20\% \times 40\% + 8\% \times 20\% = 15.2\%$。

93. C 【解析】如果一只股票基金的年周转率为 100%,意味着该基金持有股票的平均时间为 1 年。

94. A 【解析】通常可以用贝塔系数(β)的大小衡量一只股票基金面临的市场风险的大小:①如果股票指数上涨或下跌 1%,某基金的净值增长率上涨或下跌 1%,贝塔系数为 1;②如果某基金的贝塔系数大于 1,说明该基金是一只活跃或激进型基金;③如果某基金的贝塔系数小于 1,说明该基金是一只稳定或防御型基金。

95. D 【解析】市盈率(P/E) = 每股市价 ÷ 每股收益(年化)。

96. C 【解析】期数 n 代表基金收益率小于目标收益率的期数。

97. B 【解析】假如实际的直接买卖开支无法从综合费用中确定并分离出来,则在计算未扣除费用收益时,必须从收益中减去全部综合费用或综合费用中包含直接买卖开支的部分,而不得使用估计出的买卖开支;计算已扣除费用收益时,必须从收益中减去全部综合费用或综合费用中包含直接买卖开支及投资管理费用的部分,而不得使用估计的买卖开支。故 II 项说法错误。

98. D 【解析】证券和资金结算实行分级结算原则,即证券登记结算机构负责证券登记结算机构与结算参与人之间的集中清算交收,结算参与人负责办理结算参与人与客户之间的清算交收。但结算参与人与其客户的证券划付,应当委托证券登记结算机构代为办理。

99. C 【解析】远期合约、期货合约、期权合约、互换合约是相对简单,也是最基础的衍生工具。利用基础衍生工具的结构化特性,通过相互结合或者与基础金融工具相结合,能够开发和设计更多具有复杂特性的金融衍生工具,这些金融衍生工具通常被称为结构化金融衍生工具。

100. C 【解析】当基金有以下情形时,可以暂停估值:①基金投资所涉及的证券交易所遇法定节假日或因其他原因暂停营业时;②因不可抗力或其他情形致使基金管理人、基金托管人无法准确评估基金资产价值时;③占基金相当比例的投资品种的估值出现重大转变,而基金管理人为保障投资人的利益已决定延迟估值;④如出现基金管理人认为属于紧急事故的任何情况,会导致基金管理人不能出售或评估基金资产的;⑤中国证监会和基金合同认定的其他情形。

《证券投资基金基础知识》真题试卷(四)参考答案及解析

1. C 【解析】按照会计恒等式,资产负债表的基本逻辑关系表述为:资产 = 负债 + 所有者权益。

2. D 【解析】应计入流动资产的金额 = 600 + 200 + 200 = 1000(亿元)。无形资产和长期股权投资属于非流动资产。

3. B 【解析】当标的资产的市场价格低于行权价格时,认股权证持有者不会执行认股权证,因此权证的内在价值等于 0。

4. C 【解析】深圳市场,ETF 申购/赎回的过户费按证券过户面值的 0.25‰向投资者收取,且不向债券 ETF 收取过户费。

5. A 【解析】标准差是用来衡量它偏离期望值的程度,即人们所关心的投资回报的风险水平。

6. A 【解析】由题意可知,净利润总额/资产总额 = 10%,负债总额/所有者权益总额 = 1.5,可得负债总额/资产总额 = 0.6。故净资产收益率 = 净利润总额/所有者权益总额 = (净利润总额/资产总额)/(1 - 负债总额/资产总额) = 10%/(1 - 0.6) = 25%。

7. C 【解析】行权结算方式有证券给付结算方式和现金结算方式两种,故选项 C 说法正确。

8. D 【解析】信息比率是单位跟踪误差所对应的超额收益,

故选项D说法错误。

9. A 【解析】按照中国人民银行《关于落实债券净价交易工作有关事项的通知》（银货政〔2001〕27号）的规定，从2001年7月2日起，全国银行间债券市场现券交易采用净价交易。

10. C 【解析】我国证券投资基金的交易费用主要包括印花税、交易佣金、过户费、经手费、证管费。交易佣金由证券公司按成交金额的一定比例向基金收取，印花税、过户费、经手费、证管费等则由登记公司或交易所按有关规定收取。

11. B 【解析】UCITS指令标志着欧洲投资基金市场开始朝着一体化方向发展。

12. C 【解析】QFII主体资格认定中，对资产管理机构而言，其经营资产管理业务应在2年以上，最近一个会计年度管理的证券资产不少于5亿美元。

13. B 【解析】AIFMD代表了迄今为止对包括对冲基金、私募股权基金在内的众多另类投资基金最严格的监管立法。

14. D 【解析】目前，中外合资基金管理公司外资持股上限为不超过49%。

15. A 【解析】该投资组合的期望收益率 = 0.4×10% + 0.6×20% = 16%。

16. A 【解析】本题考查正态分布的概念。当一个随机变量的取值受到大量不同因素作用的共同影响，并且单个因素都微不足道的时候，这个随机变量就服从或近似服从正态分布。

17. C 【解析】回购市场目前以质押式回购为主要交易品种，故选项A表述错误；国债的受让方为逆回购方，故选项B表述错误；买断式回购又称为开放式回购，故选项D表述错误。

18. D 【解析】短期政府债券收益率相对低，故选项D表述错误。

19. D 【解析】该国债的内在价值 = 10÷(1+8%) + 110÷(1+8%)² = 103.57（元）。

20. D 【解析】在其他因素相同的情况下，票面利率与债券到期收益率呈同方向增减，故选项C说法错误。

21. D 【解析】资本资产定价模型认为，承担额外的非系统性风险不会给投资者带来收益，故选项D表述错误。

22. C 【解析】权证的基本要素包括：①权证类别；②标的资产；③存续时间；④行权价格；⑤行权结算方式；⑥行权比例等。

23. D 【解析】所有的衍生工具都会规定一个合约到期日，故选项A说法错误；一些衍生工具在结算时要求实物交割；其他的衍生工具允许计算出现现金盈亏，用现金结算，故选项B说法错误；衍生工具的交割价格通常取决于合约标的资产的价格和交易双方的预期，故选项C说法错误。

24. C 【解析】对老年人而言，投资的稳健、安全、保值最重要，在选择基金产品时应以低风险为核心，不宜过度配置股票型基金等风险较高的产品。

25. B 【解析】马可维茨投资组合理论的基本假设是投资者是厌恶风险的。所以，如果有两个具有相同收益率的证券之间进行选择的话，投资者会选择风险较小的，而舍弃风险较大的；在风

险相同的证券之间，必然选择收益较大的。要让投资者承担更高的风险，必须有更高的预期收益来补偿。投资者不仅仅关心投资收益率，也关心投资风险。故选项B说法错误。

26. D 【解析】李先生现在应存入银行 = 200000÷(1+12%)⁵ = 113485（元）。

27. A 【解析】企业的流动资产主要包括现金及现金等价物、应收票据、应收账款和存货等几项资产，它们能够在短期内快速变现，因而流动性很强，其他几项属于流动负债。

28. A 【解析】收益性是股票最基本的特征，它是指持有股票可以为持有人带来收益的特性。

29. A 【解析】认购权证近似于看涨期权，行权时其持有人可按照约定的价格购买约定数量的标的资产。

30. D 【解析】根据对股利增长率的不同假定，股利贴现模型可以分为：①零增长模型；②不变增长模型；③三阶段增长模型；④多元增长模型。

31. D 【解析】每个合格投资者只能委托1个托管人，并可以更换托管人。

32. C 【解析】率先出现的是外汇期货，利率期货和股票指数期货也紧接着产生。

33. A 【解析】根据《证券投资基金管理公司管理办法》，基金管理公司申请在香港特区设立机构，应满足最近1年内没有因违法违规行为受到行政处罚或者刑事处罚的基本条件。

34. D 【解析】私募股权投资包含多种不同形式，最为广泛使用的战略包括：①风险投资；②成长权益；③并购投资；④危机投资；⑤私募股权二级市场投资。

35. B 【解析】纽约商品交易所的石油合约以1000桶为最小交易单位，芝加哥商品交易所的小麦以5000蒲式耳为最小交易单位。

36. A 【解析】为准确、及时进行基金估值和份额净值计价，基金管理人应制定基金估值和份额净值计价的业务管理制度，明确基金估值的程序和技术；建立估值委员会，健全估值决策体系；使用可靠的估值业务系统；确保估值人员熟悉各类投资品种的估值原则及具体估值程序；完善相关风险监测、控制和报告机制；建立定期复合和审阅机制，以确保相关程序和技术不存在重大缺陷。

37. B 【解析】由于QDII基金涉及跨境交易，基金申购、赎回的时间要长于国内其他基金。

38. C 【解析】最大回撤可以在任何历史区间做测度，用于衡量投资管理人对下行风险的控制能力。指定区间越长，最大回撤指标就越不利，因此在不同的基金之间使用该指标时，应尽量控制在同一个评估期间。最大回撤指标的缺点是只能衡量损失的大小，而不能衡量损失发生的可能频率。

39. A 【解析】夏普指数、特雷诺指数、詹森指数均是建立在CAPM基础上的。

40. B 【解析】监管机构可以采取以下监管措施，确保基金业者的合法权益：①向投资者充分披露有关信息；②保护客户资产；

③公平、准确地进行资产评估和定价；④证券投资基金的份额赎回。

41. A 【解析】基金管理公司应当按相关规定对其香港特区发生的重大事项及时向中国证监会和公司经营所在地中国证监会派出机构报告。

42. C 【解析】选项A、B、D为做市商和经纪人的区别。做市商可以充当经纪人的角色，如美国纽约证券交易所中的特定做市商，同时也充当了经纪人的角色，故选项C说法错误。

43. A 【解析】最常用的VaR估算方法有参数法、历史模拟法和蒙特卡洛模拟法，故选项A说法错误。

44. C 【解析】题干所述为基金份额分拆的概念。

45. C 【解析】合格境外机构投资者在经批准的投资额度内，可以投资于下列人民币金融工具：①在证券交易所交易或转让的股票、债券和权证；②在银行间债券市场交易的固定收益产品；③证券投资基金；④股指期货；⑤中国证监会允许的其他金融工具。

46. C 【解析】题干所述为国债收益率曲线的作用。

47. D 【解析】投资管理人可以根据压力测试的结果采取措施，包括调整产品持仓结构、变更投资标的、暂停申赎等，必要时应实施应急预案。

48. C 【解析】2016年2月1日起施行的《货币市场基金监督管理办法》规定货币市场基金投资组合的平均剩余期限不得超过120天。

49. B 【解析】相关系数的大小范围为+1和-1之间。

50. D 【解析】债券不属于衍生工具。

51. C 【解析】该基金的几何平均收益率 = (2÷1)×(1÷1) - 1 = 0。

52. C 【解析】UCITS三号指令对基金管理公司提出的最低资本要求包括：①管理公司的起始资本不能低于12.5万欧元；②管理资产超过2.5亿欧元时，管理公司资本应增加相当于管理资产0.02%的资本；③资本在任何情况下不能低于13周的"固定经营成本"。

53. A 【解析】基金利润来源中利息收入包括：①债券利息收入；②资产支持证券利息收入；③存款利息收入；④买入返售金融资产收入等。

54. A 【解析】UCITS基金是只投资于可转让证券的基金，持有人以基金单位净值进行申购和赎回。

55. D 【解析】对投资管理能力的评价包括3部分：业绩度量、业绩归因和绩效评估。

56. B 【解析】选项B描述的是金融债券，不是政府债券。

57. B 【解析】修正的麦考利久期 = 麦考利久期÷(1+y) = 5.5÷(1+10%) = 5。

58. D 【解析】夏普比率 S_p = (10% - 2%)/10% = 0.8。

59. B 【解析】公开市场一级交易商制度是指中国人民银行根据规定遴选符合条件的债券二级市场参与者作为中国人民银行的对手方，与之进行债券交易，从而配合中国人民银行货币政

策目标的实现。

60. A 【解析】在买断式回购内，该债券归逆回购方所有，逆回购方可以使用该笔债券，只要到期有足够的同种债券还给正回购方即可。故选项A说法错误。

61. C 【解析】当对估值原则及技术有异议时，托管人有义务要求基金管理人做出合理解释，通过积极商讨达成一致意见。

62. D 【解析】对于因重大特殊事项而长期停牌股票的估值，需要按估值基本原则判断是否采用估值技术，估值技术包括指数收益法、可比公司法、市场价格模型法和估值模型法等，供管理人对基金估值时参考。

63. A 【解析】期货交易保证金通常在5%~10%。

64. A 【解析】不同期间的回报率必须以几何平均方式相连接，而不是算术平均方式。

65. B 【解析】股份变动比例 = (13 - 10)/10 = 0.3。除权当日该股票的开盘参考价格 = (前收盘价 - 现金红利 + 配股价格×股份变动比例)÷(1 + 股份变动比例) = (15 - 4 + 10×0.3)÷(1 + 0.3) = 10.8（元）。

66. D 【解析】场内证券交易结算原则有：①货银对付；②法人结算；③分级结算；④共同对手方制度。

67. B 【解析】亚洲主要证券交易所包括：①香港交易所；②东京证券交易所；③新加坡证券交易所。

68. D 【解析】基金托管人对基金管理人的计算结果进行复核。

69. C 【解析】托管费的计提以前一交易日的基金资产净值为基准。注意费率一般为年费率，要算每天计提的费用，要折算到每天。因而，托管费 = 35000×0.25%÷365 = 0.2397（万元）。

70. C 【解析】债券回购主协议和书面形式回购合同构成回购交易的完整合同。

71. D 【解析】对于每日按照面值进行报价的货币市场基金，可以在基金合同中将收益分配的方式约定为分红再投资，并应当每日进行收益分配。

72. C 【解析】单个境外投资者通过合格投资者持有一家上市公司股票的，持股比例不得超过该公司股份总数的10%。

73. C 【解析】对证券公司而言，申请合格境外投资者资格，应当经营证券业务5年以上，净资产不少于5亿美元，最近一个会计年度管理的证券资产不少于50亿美元。

74. C 【解析】股票交易实际上是对未来收益权的转让买卖。

75. C 【解析】本题考查大额可转让定期存单的概念。

76. D 【解析】反映企业投入与产出的关系的是利润表。

77. C 【解析】按回购期限划分，我国在交易所挂牌的国债回购可以分为1天（隔夜回购）、2天、3天、4天、7天、14天、28天、91天以及182天。

78. C 【解析】远期合约、期货合约、期权合约和互换合约的区别有：①交易场所不同；②损益特性不同；③信用风险不同；④执行方式不同；⑤杠杆不同。

B. 投资者享有受到法律保护免受因基金经营者欺诈、疏忽或利益冲突而导致的损失的权利

C. 基金销售者或理财顾问向投资者推销投资产品时负有推荐合适产品及提供正确销售信息的责任

D. 投资基金有义务通过招募说明书及定期报告向投资者提供有助其做出明智决策的足够信息

83. 某公司原有股份数量是5000万股,现公司决定实施股票分割,即实施一股分两股的政策,则下列说法错误的是( )。
A. 每股面值降低
B. 股东的持股比例保持不变
C. 股东的各项权益余额保持不变
D. 投资者持有的公司的净资产增加

84. 以下不属于信托型基金中基金托管人职责的是( )。
A. 保管基金资产
B. 执行管理人有关指令
C. 基金的经营和管理操作
D. 办理基金名下的资金往来

85. 下列关于机构投资者的说法正确的是( )。
A. 机构投资者有相同的投资约束
B. 基金的机构投资者相比于个人投资者,资本实力更为雄厚且投资能力更为专业
C. 规模越大,内部管理的成本相对于投资规模的比例就越高
D. 根据内部专家意见来选择投资经理

86. 下列不属于常用的财务杠杆比率的是( )。
A. 资产负债率
B. 权益乘数和负债权益比
C. 利息倍数
D. 资产收益率

87. 股票可以通过依法转让而变现的特性是指股票的( )。
A. 期限性   B. 风险性   C. 流动性   D. 永久性

88. 在金融期货交易过程中,期货交易的( )需要向交易所缴纳保证金。
A. 卖方单方   B. 买卖双方   C. 中介机构   D. 买方单方

89. 1年期和2年期的即期利率分别为$s_1=3\%$和$s_2=4\%$,根据无套利原则和复利计息的方法,第2年的远期利率为( )。
A. 2%   B. 3.5%   C. 4%   D. 5.01%

90. 假如你有一笔资金收入,若目前领取可得10000元,而3年后领取可得15000元。如果当前你有一笔投资机会,年复利收益率为20%,每年计算一次,则下列表述正确的是( )。
A. 3年后领取更有利
B. 无法比较何时领取更有利
C. 目前领取并进行投资更有利
D. 目前领取并进行投资和3年后领取没有区别

91. 一个公司的总资本是1000万元,其中有300万元的债权资本和700万元的权益资本,下列关于该公司说法错误的是( )。
A. 该公司的资产负债率是30%
B. 该公司为杠杆公司
C. 资本结构包含30%的债务和70%的权益
D. 该公司的资产负债率是43%

92. 目前,我国对投资者(包括个人和机构)买卖基金份额,( )印花税。
A. 征收2%   B. 征收1%   C. 暂不征收   D. 征收4%

93. 关于买断式回购,以下说法不正确的是( )。
A. 在买断式回购期内,该债券归逆回购方所有,逆回购方可以使用该笔债券
B. 回购期间回购债券如发生利息支付,则所支付利息归债券持有人所有
C. 目前买断式回购的期限最长不得超过91天,具体期限由交易双方确定
D. 买断式回购的资金融出方不可以获得回购期间债券的所有权和使用权

94. 下列关于债券的偿还期限,描述错误的是( )。
A. 按偿还期限分类,债券可分为短期债券、中期债券和长期债券
B. 对具体年限的划分,不同的国家有相同的标准
C. 短期债券的偿还期一般在1年以下
D. 长期债券的偿还期一般为10年以上

95. 基金中基金投资的ETF基金,按所投资ETF基金估值日的( )估值;基金中基金投资的境内上市开放式基金,按所投资基金估值日的( )估值;基金中基金投资的境内上市定期开放式基金、封闭式基金,按所投资基金估值日的( )估值。
A. 收盘价;收盘价;份额净值
B. 份额净值;收盘价;收盘价
C. 收盘价;份额净值;收盘价
D. 份额净值;份额净值;份额净值

96. 以下关于当期收益率的说法,不正确的一项是( )。
A. 其计算公式为 $I=C/P$
B. 它度量的是债券年利息收入占当前的债券市场价格的比率
C. 它能反映债券投资能够获得的债券年利息收入
D. 它能反映债券投资的资本损益

97. 关于基金托管人的基金估值责任的表述,不正确的是( )。
A. 基金托管人对基金管理人的估值原则及技术有异议的,以基金管理人的意见为准
B. 基金托管人对基金管理人的估值结果负有复核责任
C. 我国基金资产估值的责任人是基金管理人
D. 在复核基金管理人的估值结果之前,基金托管人应该审阅基金管理人的估值原则及技术

98. 关于期货合约要素,下列叙述不正确的是( )。
A. 交易期货合约时,只能以交易单位的整数倍进行买卖
B. 期货合约的交易时间是由交易者决定的
C. 期货的合约月份由期货交易所规定,交易者可选择不同合约月份的期货合约
D. 如果过了最后交易日仍未做对冲,就必须进行实物交割或现金结算

99. 基金财务会计报告是指基金对外提供的反映基金( )的财务状况和( )的经营成果、现金流量等会计信息的文件。
A. 某一会计期间;某一特定日期
B. 某一会计期间;某一会计期间
C. 某一特定日期;某一会计期间
D. 某一特定日期;某一特定日期

100. 下列关于无担保的存托凭证和有担保的存托凭证的说法不正确的是( )。
A. 无担保的存托凭证的发行与基础证券发行公司无关
B. 有担保的存托凭证是由发行公司委托存券银行发行的
C. 无担保的存托凭证所受约束小,在市场上较常见
D. 存托凭证的级别越高,对证券公司的要求就越高

《证券投资基金基础知识》押题试卷(二)

答题卡 本试卷采用虚拟答题卡技术

考生扫描右侧二维码,可将答题选项填入虚拟答题卡中,题库系统自动整理错题,并生成完整的答案及解析。

(注:首次扫码后需先关注"未来金融网校"公众号)

(考试题型均为单项选择题,共100小题,每小题1分,共100分)

1. 下列选项中,不属于评价企业盈利能力最重要三种比率的是( )。
   A. 销售利润率 B. 资产收益率
   C. 应收账款周转率 D. 净资产收益率

2. 当无风险利率高时,卖方资金的机会成本会( )。
   A. 变高 B. 变低 C. 不变 D. 无法确定

3. 下列不属于能源类大宗商品的是( )。
   A. 原油 B. 汽油 C. 钢铁 D. 甲醇

4. 以下选项中,不属于显性成本的是( )。
   A. 经纪商佣金 B. 对冲费用
   C. 税费 D. 交易所规费/结算所规费

5. 投资于债券投资组合,获得的利息和收回的本金恰好满足未来现金需求,这种方法称为( )。
   A. 水平配比策略 B. 久期配比策略 C. 现金配比策略 D. 价格免疫策略

6. 公司出现( )情况时,可以回购该公司股票。
   Ⅰ. 减少注册资本 Ⅱ. 与持有公司股份的其他公司合并
   Ⅲ. 公司分立 Ⅳ. 将股票奖励给职工
   A. Ⅰ、Ⅱ、Ⅲ B. Ⅱ、Ⅲ、Ⅳ C. Ⅰ、Ⅲ、Ⅳ D. Ⅰ、Ⅱ、Ⅳ

7. 境内机构投资者进行境外证券投资时,可以委托境外投资顾问为其提供证券买卖建议或投资组合管理等服务。境外投资顾问应当符合的条件不包括( )。
   A. 所在国家或地区证券监管机构已与中国证监会签订双边监管合作谅解备忘录,并保持着有效的监管合作关系
   B. 在境外设立,经所在国家或地区监管机构批准从事投资管理业务
   C. 经营投资管理业务达3年以上,最近一个会计年度管理的证券资产不少于100亿美元或等值货币
   D. 有健全的治理结构和完善的内控制度

8. 下列属于全球领先另类投资管理人的是( )。
   Ⅰ. 桥水 Ⅱ. TH房地产 Ⅲ. 韦莱韬悦
   Ⅳ. 麦格理集团 Ⅴ. 黑石
   A. Ⅰ、Ⅱ、Ⅲ、Ⅳ B. Ⅱ、Ⅲ、Ⅳ、Ⅴ C. Ⅰ、Ⅱ、Ⅲ、Ⅴ D. Ⅰ、Ⅱ、Ⅳ、Ⅴ

9. 私募股权投资起源和盛行于( )。
   A. 欧洲 B. 美国 C. 中国 D. 英国

10. 证券投资基金一般在月末结转当期损益,按固定价格报价的货币市场基金一般损益( )。
    A. 逐时结转 B. 逐日结转 C. 逐周结转 D. 逐月结转

11. UCITS三号指令通过后,下列不属于UCITS基金的业务范围的是( )。
    A. 核心业务的投资咨询 B. 基金管理服务
    C. 为个人或机构提供投资组合管理服务 D. 基金保管

12. 远期合约的交割方式通常采用( )。
    A. 对冲平仓 B. 实物交割 C. 现金交割 D. 现券交割

13. 按( )计算的互换合约已成为交易量最大的金融衍生工具。
    A. 名义金额 B. 实际金额 C. 互换利率 D. 货币互换

14. ( )指的是债券本息所有现金流的加权平均到期时间,即债券投资者收回全部本金和利息的平均时间。
    A. 凸性 B. 麦考利久期 C. 信用利差 D. 利率期限结构

15. 下列税目中,应缴纳个人所得税的是( )。
    A. 个人投资者买卖基金份额的收入,在对个人买卖股票的差价收入未恢复征收个人所得税以前
    B. 个人投资者从基金分配中取得的收入
    C. 个人投资者从封闭式基金分配中获得的企业债券差价收入
    D. 个人投资者申购和赎回基金份额时取得的差价收入,在对个人买卖股票的差价收入未恢复征收个人所得税以前

16. 关于债券基金,下列说法错误的是( )。
    A. 债券基金指的是基金资产60%以上投资于债券的基金
    B. 债券基金主要的投资风险包括利率风险、信用风险等
    C. 相比股票基金,债券基金具有低风险、低收益的特点
    D. 债券基金的投资对象主要是国债、可转债、企业债

17. 另类投资的优点主要有提高投资回报和( )。
    A. 分散风险 B. 保障收益 C. 降低成本 D. 提高投资效率

18. 下列关于经济合作与发展组织(OECD)投资基金监管规定的相关内容说法错误的是( )。
    A. 经济合作与发展组织简称经合组织,是由30多个市场经济国家组成的政府间国际经济组织
    B. 经合组织国家内部,投资基金又被称作"集合投资计划",该组织于20世纪七八十年代率先在国际范围内进行投资基金监管标准的研究和制定
    C. 经合组织的作用之一是聘请知名的专家学者探讨制定社会经济政策,为各国政府提供建议
    D. 经合组织在2005年发表了《集合投资计划治理白皮书》

19. 以下不属于按保证形式划分的有保证债券的是( )。
    A. 质押债券 B. 信用债券 C. 抵押债券 D. 担保债券

18. 如果某债券基金的久期是10年,那么,当市场利率下降1%时,该债券基金的资产净值将（　　）。
    A. 增加1%　　B. 减少1%　　C. 增加10%　　D. 减少10%

19. （　　）是一种最简单的衍生品合约。
    A. 远期合约　　B. 互换合约　　C. 期货合约　　D. 期权合约

20. 下列选项中说法错误的是（　　）。
    A. 利息率简称利率,是资金的增值同投入资金的价值之比,是衡量资金增值量的基本单位
    B. 按债权人取得报酬的情况,可以将利率分成为实际利率和名义利率
    C. 实际利率是指在物价不变且购买力不变的情况下的利率,或者是指当物价有变化,扣除通货膨胀补偿以后的利息率
    D. 通常所说的年利率都是指实际利率

21. 即期利率与远期利率的区别在于（　　）。
    A. 计息方式不同　　B. 收益不同
    C. 计息日起点不同　　D. 适用的债券种类不同

22. （　　）假定投资组合中各种风险因素的变化服从特定的分布（通常为正态分布）,然后通过历史数据分析和估计该风险因素收益分布的方差、均值、相关系数等。
    A. 历史模拟法　　B. 方差-协方差法
    C. 压力测试法　　D. 蒙特卡洛模拟法

23. （　　）不是投资风险的主要风险。
    A. 操作风险　　B. 市场风险　　C. 流动性风险　　D. 信用风险

24. 投资基金国际化不包括（　　）。
    A. 投资基金跨境投资　　B. 投资基金跨境销售　　C. 投资基金跨境管理　　D. 投资基金跨境宣传

25. （　　）通常用来衡量投资组合在将来的表现和风险情况。
    A. 事前风险测度　　B. 事后风险测度　　C. 下行风险　　D. 风险价值

26. 下列关于印花税的说法正确的是（　　）。
    A. 由税务机关直接向投资者征收
    B. 调节印花税率和征收方向可以调控市场活跃度
    C. 目前,我国A股印花税率为双边征收
    D. 我国A股印花税率是2‰

27. 下列关于证券市场线的说法错误的是（　　）。
    A. 证券市场线是CAPM的核心
    B. 证券市场线给出了所有有效投资组合风险与预期收益率之间的关系
    C. 证券市场线是基于资本资产定价模型的,斜率是市场组合的风险溢价
    D. 证券市场线描述了单个资产的风险溢价与市场风险之间的函数关系

28. 下列关于私募股权投资的表述,错误的是（　　）。
    A. 通常采用非公开募集的形式筹集资金　　B. 流动性好
    C. 起源于美国　　D. 是对未上市公司的投资

29. （　　）是指可转债持有者有权在约定的条件触发时按照事先约定的价格将可转债卖回给发行企业的规定。
    A. 转换期限　　B. 转换价格　　C. 赎回条款　　D. 回售条款

30. 下列关于执行缺口的说法错误的是（　　）。
    A. 执行缺口是指理想组合与真实投资组合之间的收益率之差
    B. 执行缺口是指理想组合与预期组合收益的差值
    C. 执行缺口可以将交易过程中的所有成本量化
    D. 资产转持是机构投资者对投资组合的大规模调整

31. 委托买卖的股票、基金成交后,买卖双方为变更证券登记所支付的费用是（　　）。
    A. 过户费　　B. 佣金　　C. 印花税　　D. 经手费

32. 以下关于市盈率和市净率的表述不正确的是（　　）。
    A. 市盈率 = 每股市价/每股收益
    B. 市净率 = 每股市价/每股净资产
    C. 统计学证明每股净资产数值普遍比每股收益稳定得多
    D. 对于资产包含大量现金的公司,市盈率是更为理想的比较估值指标

33. 下列关于QFII的说法错误的是（　　）。
    A. QFII是我国在资本项目完全开放背景下选择的一种资本市场开放制度
    B. 允许符合条件的境外机构投资者汇入一定额度的外汇资金
    C. QFII在境内的资本利得、股息红利等经相关机构审核后方可汇出境外
    D. QFII制度旨在实现在利用外资的同时,又通过外汇管制和宏观调控的手段避免外资对国内证券市场冲击的目标

34. 以下选项中不属于可能存在操作风险的是（　　）。
    A. 交易执行不独立于基金经理　　B. 交易价格显著偏离公允价格
    C. 违反交易所规则及相关法律法规　　D. 对交易对手风险的评估与控制不足

35. 假设某基金在2015年12月3日的单位净值为1.3425元,2016年6月1日的单位净值为1.7464元。期间该基金曾于2016年2月28日每份额派发红利0.358元。该基金2016年2月27日（除息日前一天）的单位净值为1.6473元,则基金在这段时间内的时间加权收益率为（　　）。
    A. 35.47%　　B. 40.87%　　C. 55.64%　　D. 66.21%

36. 下列关于做市商说法错误的是（　　）。
    A. 报价驱动市场也被称为做市商制度
    B. 与股票不同,几乎所有的债券和外汇都是通过做市商交易的
    C. 所有投资者都可以充当做市商的角色
    D. 做市商的利润来源是买卖差价

37. 目前,银行间债券市场现券交易的结算日有（　　）和（　　）两种,其中,T为交易达成日。
    A. T+1;T+3　　B. T+0;T+1　　C. T+3;T+5　　D. T+2;T+3

38. 下列关于股权投资人与债券投资人说法错误的是（　　）。
    A. 不管公司盈利与否,公司债权人均有权获得固定利息且到期收回本金
    B. 股权投资者只有在公司盈利时才可获得股息
    C. 清算时,股权投资的清偿顺序先于债权投资
    D. 股权投资的风险更大,要求更高的风险溢价

39. 下列关于基金投资风格分析的说法,错误的是（　　）。
    A. 通过计算前10只股票占基金资产净值的比例可以分析基金是否倾向于集中投资

B. 通过基金本期利润、期末可供分配基金份额利润等指标,可以分析基金的盈利能力
C. 通过基金持有股票的股本规模分析,可以了解基金所投资的上市公司股票的规模偏好
D. 通过分析基金所持有的股票的成长性指标,可以了解基金投资的上市公司的成长性

40. 下列关于金融衍生工具的叙述,错误的是( )。
   A. 衍生资产价格与标的资产价格具有联动性
   B. 杠杆性在很大程度上决定了衍生工具所具有的高风险性
   C. 衍生工具可能面临信用风险
   D. 结算风险是指因操作人员人为错误或系统故障或控制失灵导致损失的风险

41. ( )是目前证券投资基金监管领域最重要的国际组织。
   A. 国际证监会组织(IOSCO)   B. 欧盟(EU)
   C. 经济合作与发展组织(OECD)   D. 世贸组织(WTO)

42. 下列关于企业年金说法有误的是( )。
   A. 企业年金基金财产在投资过程中需要严格遵循有关法规确定的投资比例限制
   B. 企业年金基金可投资于信用等级为投机级的金融债和企业债
   C. 企业年金基金财产的投资范围包括银行存款、国债等
   D. 企业年金是指企业年金计划筹集的资金及其投资运营收益形成的企业补充养老保险基金

43. 下列关于信用风险事件对持有相关债券的基金和基金公司带来的影响,说法不正确的是( )。
   A. 相关债券估值急剧下跌,基金净值受损   B. 投资者集中赎回基金,带来流动性风险
   C. 基金公司自有资金受到损失,遭受监管处罚 D. 相关债券流动性回暖,容易变现

44. ( )是在遵守确定的大类资产比例基础上,根据短期内各特定资产类别的表现,对投资组合中各特定资产类别的权重配置进行调整。
   A. 战略资产配置   B. 战术资产配置   C. 主动配置   D. 被动配置

45. 基金因持有股票而带来的投资收益不包括( )。
   A. 股票价差收入   B. 股票股利   C. 现金股利   D. 存款利息收入

46. 下列不受 AIFMD 指令监管的基金包括( )。
   A. 对冲基金   B. 不动产基金   C. 证券投资基金   D. 风险投资基金

47. 关于看涨期权交易双方的潜在盈亏,下列说法正确的是( )。
   A. 买方的潜在盈利是无限的,卖方的潜在盈利是有限的
   B. 买方的潜在亏损是无限的,卖方的潜在亏损是有限的
   C. 双方的潜在盈利和亏损都是无限的
   D. 双方的潜在盈利和亏损都是有限的

48. 某上市公司每10股派发现金红利1.50元,同时按10配5的比例向现有股东配股,配股价格为6.40元。若该公司股票在除权除息日的前收盘价为11.05元,则除权(息)报价应为( )元。
   A. 1.50   B. 6.40   C. 9.40   D. 11.05

49. 关于股票的价格,下列说法不正确的是( )。
   A. 理论上,股票价格应由其价值决定,股票本身并没有价值,不是在生产过程中发挥职能作用的现实资本,只是一张凭证
   B. 股票之所以有价格,是因为它代表着收益的价值,即能给它的持有者带来股息红利
   C. 根据现值理论,股票的价值取决于股票的账面价值
   D. 股票交易实际上是对未来收益权的转让买卖,股票价格就是对未来收益的评定

50. 深圳证券交易所A股佣金的收取起点为( )元。
   A. 5   B. 10   C. 50   D. 100

51. 投资组合波动率在风险管理中最常见的定义是单位时间收益率的( )。
   A. 方差   B. 离差率   C. 期望   D. 标准差

52. ( )中,投资组合管理者会选择完全消极保守型的策略,只是获得市场平均的收益率水平。
   A. 弱有效证券市场   B. 半强有效证券市场
   C. 无效市场   D. 强有效证券市场

53. 证券投资基金持有证券的上市公司的如下行为中,不需要证券投资基金进行会计核算的有( )。
   A. 发行新股   B. 资产出售   C. 发放红利   D. 配股

54. 关于债券收益率,以下叙述正确的是( )。
   A. 不同种类发行人发行的债券之间收益率的差异称为基础利差
   B. 债券发行人的信用程度越低,投资人所要求的收益率越低
   C. 不同种类发行人发行的债券之间收益率的差异称为品质利差
   D. 如果国债与非国债在除品质外其他方面均相同,则两者间的收益率差额被称为信用利差

55. 以下说法错误的是( )。
   A. 上市公司股份回购,只能使用自有资金
   B. 上市公司增发新股,不可以面向少数特定机构或个人
   C. 上市公司配股,原股东可以放弃配股权
   D. 上市公司股票拆分对公司的资本结构和股东权益不会产生任何影响

56. 下列关于基金国际化的说法,正确的是( )。
   A. 美国政府专门为公司型开放式基金(OEIC)的创立确立了新的法律框架
   B. 卢森堡基金国际化的表现之一是基金海外发售募集资金
   C. 英国投资基金是欧洲大陆最大的投资基金管理中心和全球第一的基金分销中心
   D. 爱尔兰注册基金资产的近80%都属于UCITS基金

57. 合格境外投资者,应当具备财务稳健,资信良好,达到中国证监会规定的资产规模等条件,对该条件说法错误的是( )。
   A. 资产管理机构,其经营资产管理业务应在2年以上,最近一个会计年度管理的证券资产不少于5亿美元
   B. 保险公司,成立2年以上,最近一个会计年度持有的证券资产不少于5亿美元
   C. 证券公司,经营证券业务2年以上,最近一个会计年度管理的证券资产不少于50亿美元
   D. 商业银行,经营银行业务10年以上,最近一个会计年度管理的证券资产不少于50亿美元

58. 关于基金收益分配的说法中,不正确的有( )。
   A. 开放式基金的分配可以用现金方式
   B. 封闭式基金只能采用现金分红
   C. 封闭式基金收益分配比例不得低于基金年度已实现收益的90%
   D. 投资者事先未作出开放式基金分红方式选择的,基金管理人可以将分红再投资转换为基金份额

59. 下列关于合伙制与公司制私募股权投资基金组织形式,说法正确的是( )。
   A. 公司制是指私募股权投资基金以股份公司形式设立
   B. 合伙型基金具有独立的法人地位

3. A 【解析】下列与基金有关的费用可以从基金财产中列支：①基金管理人的管理费；②基金托管人的托管费；③销售服务费；④基金合同生效后的信息披露费用；⑤基金合同生效后的会计师费和律师费；⑥基金份额持有人大会费用；⑦基金的证券交易费用；⑧其他费用。

4. A 【解析】交易所上市交易的可转换债券按当日收盘价作为估值全价。

5. A 【解析】贝塔系数大于0时，该投资组合的价格变动方向与市场一致；贝塔系数小于0时，该投资组合的价格变动方向与市场相反；贝塔系数等于1时，该投资组合的价格变动幅度与市场一致；贝塔系数大于1时，该投资组合的价格变动幅度比市场更大；贝塔系数小于1（大于0）时，该投资组合的价格变动幅度比市场小。

6. A 【解析】行业因素，又称产业因素，影响某一特定行业或产业中所有上市公司的股票价格。这些因素包括行业生命周期、行业景气度、行业法令措施以及其他影响行业价值面的因素。

7. D 【解析】不含权的固定收益品种，以第三方估值机构提供的相应品种当日的估值净价进行估值。含权的固定收益品种，以第三方估值机构提供的相应品种当日的唯一估值净价或推荐估值净价进行估值。含投资人回售权的固定收益品种，回售登记期截止日（含当日）后未行使回售权的按照长待偿期所对应的价格进行估值。对银行间市场未上市，且第三方估值机构未提供估值价格的债券，在发行利率与二级市场利率不存在明显差异，未上市期间市场利率没有发生大的变动的情况下，按成本估值。

8. B 【解析】每日价格最大波动限制，也称为每日涨跌停板制度，即期货合约在一个交易日中的交易价格波动不得高于规定的涨跌幅度或低于规定的涨跌幅度，超过该涨跌幅度的报价将被视为无效，不能成交。涨跌停板一般是以合约上一交易日的结算价为基准确定的。该条款的规定在于防止价格波动幅度过大造成交易者重大损失。

9. D 【解析】由于相关交易制度或交易成本等因素的限制，当托管资产的场内交易不能通过专用交易单元进行时，只能采用券商结算模式（QFII基金除外），证券公司作为托管资产的经纪人，代理进行场内交易，提供证券经纪服务。

10. B 【解析】我国开放式基金要求基金收益分配后基金份额净值不能低于面值，即基金收益分配基准日的基金份额净值减去每单位基金份额收益分配金额后不能低于面值。

11. A 【解析】基金份额净值 =（基金资产 - 基金负债）/基金总份额 =（35-5）/30 =1（元）。

12. C 【解析】拆分前，投资者对应的基金资产为1.4×5000=7000（元），拆分不改变投资者的投资总额，基金资产仍为7000元。

13. B 【解析】合格投资者的投资本金锁定期为3个月，自合格投资者累计汇入投资本金达到等值2000万美元之日起计算。

14. D 【解析】《中华人民共和国证券法》规定，证券登记结算机构是为证券交易提供集中登记、存管与结算服务，不以营利为目的的法人。

15. D 【解析】货银对付是指证券登记结算机构与结算参与人在交收过程中，当且仅当资金交付时给付证券，证券交付时给付资金。通俗地说，就是"一手交钱，一手交货"。

16. C 【解析】证券公司在与投资者订立股票收益互换交易的同时，会进行风险对冲，将自身风险暴露控制在较低水平。

17. B 【解析】另类投资的主要类型包括：①另类资产，如自然资源、大宗商品、房地产、基础设施、外汇和知识产权等；②另类投资策略，如多长短仓、多元策略投资和结构性产品等；③私募股权，如风险投资、成长权益、并购投资和危机投资等，组织形式通常为合伙人、公司、信托契约等；④对冲基金，如全球宏观、事件驱动和管理期货对冲基金等。

18. C 【解析】根据久期的定义，债券价格的变化约等于久期乘以市场利率的变化率，方向相反。因此，当市场利率下降1%时，该债券基金的资产净值将增加10%。

19. A 【解析】远期合约是一种最简单的衍生品合约。

20. D 【解析】通常所说的年利率都是指名义利率。

21. C 【解析】远期利率和即期利率的区别在于计息起点不同，即期利率的起点在当前时刻，而远期利率的起点在未来某一时刻。

22. B 【解析】参数法又称为方差-协方差法，该方法以资产组合中的金融工具是基本风险因子的现行组合，且风险因子收益率服从某特定类型的概率分布为假设，依据历史数据计算出风险因子收益率分布的参数值，例如方差、均值和风险因子间的相关系数等。

23. A 【解析】投资风险的主要因素包括市场价格（市场风险）、在规定时间和价格范围内买卖证券的难度（流动性风险），借款方还债的能力和意愿（信用风险）。

24. D 【解析】投资基金进行跨境投资、销售或管理，被称为投资基金国际化。国际化基金的投资标的遍布全球，通常以美、日等发达国家和新兴市场国家为主要区域，其目的在于充分把握各国证券价格上升的潜力，并在一定程度上分散投资风险。

25. A 【解析】风险测度可以分成事前和事后两类。事后风险测度是在风险发生后的分析，常用来衡量风险调整后的收益情况，而事前风险测度则通常用来衡量投资组合在未来的表现和风险情况。

26. B 【解析】证券交易所会代政府的税务机关向投资者征收印花税，故选项A表述错误；目前我国A股印花税率为单边征收（只在卖出股票时征收），税率为1‰，选项C、D表述错误。

27. D 【解析】资本市场线给出了所有有效投资组合风险与预期收益率之间的关系，但没有指出每一项风险资产的风险与收益率之间的关系；证券市场线给出每一个风险资产风险与预期收益率之间的关系，也就是说证券市场线能为每一个风险资产进行定价。

28. B 【解析】私募股权投资是指对未上市公司的投资。私募股权投资起源和盛行于美国，已经有100多年的历史。私募股权投资通常采用非公开募集的形式筹集资金，不能在公开市场上进行交易，流动性较差。

29. D 【解析】回售条款是指可转债持有者有权在约定的条件触发时按照事先约定的价格将可转债回售给发行企业的规定。一般在股票价格下跌超过转换价格一定幅度时生效。

30. B 【解析】执行缺口是指理想组合与真实投资组合之间的收益率之差。在理想交易中，投资者可以迅速地以决策时的基准价格完成一定数量的证券交易，且不存在交易成本。执行缺口可以将交易过程中的所有成本量化。机构投资者对投资组合的大规模调整，也被称为资产转持。

31. A 【解析】过户费是委托买卖的股票、基金成交后，买卖双方为变更证券登记所支付的费用。这笔收入属于中国结算公司的收入，由证券经纪商在同投资者清算交收时代为扣收。

32. D 【解析】相对于市盈率，市净率在使用中有其特有的优点：①每股净资产通常是一个累积的正值，因此市净率也适用于经营暂时陷入困境的以及有破产风险的公司；②统计学证明，股净资产数值普遍比每股收益稳定得多；③对于资产包含大量现金的公司，市净率是更为理想的比较估值指标。

33. A 【解析】合格境外机构投资者（QFII），是我国在资本项目未完全开放的背景下选择的一种过渡性资本市场开放制度。

34. C 【解析】投资交易过程中的合规风险是指违反法律、法规、交易所规则、公司内部制度、基金合同等导致公司可能遭受法律制裁、监管处罚、公开谴责等的风险。选项C属于合规风险。

35. D 【解析】该基金在这段时间内的时间加权收益率 $R = \left(\frac{1.6473}{1.3425} \times \frac{1.7464}{1.6473 - 0.358} - 1\right) \times 100\% = 66.21\%$。

36. C 【解析】不是所有投资者都可以充当做市商的角色，故选项C表述错误。

37. B 【解析】目前，银行间债券市场现券交易的结算日有 $T+0$ 和 $T+1$ 两种，其中 T 为交易达成日。

38. D 【解析】不管公司盈利与否，公司债权人均有权获得固定利息且到期回本金；而股权投资者只有公司盈利时才可获得股息，故选项A、B表述正确。在面临清算时，债权投资的清偿顺序先于股权投资，当剩余价值不够偿还债权资本时，股东可能收回一部分投资；更严重的是，可能损失所有投资。因此，股权投资的风险更大，要求更高的风险溢价，其收益应该高于债权投资的收益，故选项C表述错误，选项D表述正确。

39. B 【解析】基金投资风格分析包括：①持仓集中度分析，通过计算持仓的前10只股票占基金净值的比例可以分析基金是否倾向于集中投资；②基金持仓资本规模分析，通过基金持仓股票的股本规模，可以了解基金所投资的上市公司股票的规模偏向；③基金持仓成长性分析，通过分析基金所持有的股票的成长性指标，可以了解基金投资的上市公司的成长性。选项B属于基金盈利能力和分红能力分析的内容。

40. D 【解析】因操作人员人为错误或系统故障或控制失灵导致损失的风险是运作风险。结算风险是指因交易对手无法按时付款或者按时交割造成损失的风险。

41. A 【解析】国际证监会组织成立于1983年，现有近200个成员机构，总部设在西班牙的马德里。它是目前证券投资基金监管领域最重要的国际组织，也是在推进证券、期货、基金市场监管的全球性多边合作与协调方面做得最好的国际组织。

42. B 【解析】企业年金基金财产的投资范围，包含银行存款、国债、中央银行票据、信托产品、债券回购、信用等级在投资级以上的金融债和企业债、可转换债等金融产品。

43. D 【解析】信用风险事件对持有相关债券的基金和基金公司带来的影响包括：①相关债券估值急剧下跌，基金净值受损；②相关债券流动性丧失，很难变现；③投资者集中赎回基金，带来流动性风险；④基金公司自有资金受到损失，遭受监管处罚。

44. B 【解析】战略资产配置是为了满足投资者风险与收益目标所做的长期资产的配比；战术资产配置是在遵守战略资产配置确定的大类资产比例基础上，根据短期内各特定资产类别的表现，对投资组合中各特定资产类别的权重配置进行调整。

45. D 【解析】投资收益是指基金经营活动中因买卖股票、债券、资产支持证券、基金等实现的差价收益，因股票、基金投资等获得的股利收益，以及衍生工具投资产生的相关损益，如卖出或放弃权证、权证行权等实现的损益。具体包括股票投资收益、债券投资收益、资产支持证券投资收益、基金投资收益、衍生工具收益、股利收益。选项D属于基金利润中利息收入的内容。

46. C 【解析】另类投资基金受《另类投资基金管理人指令》（AIFMD）监管。AIFMD结束了成员国对另类投资基金的监管各自为政水平各异的状态，协调成员国对另类投资基金的活动实现有效监管。选项A、B、D属于另类投资基金，选项C，欧盟的证券投资基金监管体系以《可转让证券集合投资计划指令》（UCITS指令）为核心。

47. A 【解析】看涨期权买方的亏损是有限的，其最大亏损额为期权价格，而盈利可能是无限大的。相反，看涨期权卖方的盈利是有限的，其最大盈利为期权价格，而亏损可能是无限大的。

48. C 【解析】除权（息）参考价 = $\frac{前收盘价 - 现金红利 + 配股价格 \times 股份变动比例}{1 + 股份变动比例}$ = $\frac{(11.05 - 0.15) + 6.40 \times 0.5}{1 + 0.5} = 9.40$（元）。

49. C 【解析】现值理论认为，人们之所以愿意购买股票和其他证券，是因为它能够为其持有者带来预期收益，因此，它的价值取决于未来收益的大小。

50. A 【解析】A股、证券投资基金每笔交易佣金不足5元的，按5元收取；B股每股交易佣金不足1美元或5港元的，按1美元或5港元收取。

51. C 【解析】投资组合波动率在风险管理中最常见的定义是单位时间收益率的标准差。

52. D 【解析】强有效证券市场是指与证券有关的所有信

息,包括公开发布的信息和未公开发布的内部信息,都已经充分、及时地反映到证券价格之中。市场价格已经完全体现了全部的私有信息。这意味着,在一个强有效的证券市场上,任何投资者不管采用何种分析方法,除了偶尔靠运气"预测"到证券价格的变化外,是不可能重复的,更不可能连续地取得成功的。

53. B 【解析】权益核算是指与基金持有证券的上市公司有关的、所有涉及该证券权益变动并进而影响基金权益变动的事项,包括发行新股、发放股息和红利、配股等公司行为的核算。

54. D 【解析】信用利差是指除了信用评级不同外,其余条件全部相同(包括但不限于期限、嵌入条款等)两种债券收益率的差额。一般而言,投资者会要求更高的收益来补偿较高的违约风险,即违约风险越高,投资收益率也应该越高。

55. B 【解析】上市公司增发新股既可以向不特定对象公开募集(简称增发),也可以非公开发行股票(也称为定向增发)。非公开发行股票是上市公司向特定对象发行股票的增资方式。特定对象包括公司控股股东、实际控制人及其控制的企业、战略投资者等。

56. D 【解析】英国政府专门为公司型开放式基金(OEIC)的创立确立了新的法律框架,通过OEIC制度来达到符合UCITS指令的要求,进而可以在全欧盟范围内进行销售,故选项A表述错误;基金海外发售募集资金属于美国基金国际化的表现,故选项B表述错误;卢森堡投资基金是欧洲大陆最大的投资基金管理中心和全球第一的基金分销中心,故选项C表述错误。

57. C 【解析】合格境外投资者,应当具备财务稳健,资信良好,达到中国证监会规定的资产规模等条件。对证券公司而言,要成为合格境外投资者,需满足经营证券业务5年以上,净资产不少于5亿美元,最近一个会计年度管理的证券资产不少于50亿美元,故选项C表述错误。

58. D 【解析】根据有关规定,基金收益分配默认为采用现金方式。开放式基金的基金份额持有人可以事先选择将所获分配的现金利润,转为基金份额,即选择分红再投资。基金份额持有人事先没有做出选择的,基金管理人应当支付现金。

59. D 【解析】公司制是指私募股权投资基金以股份公司或有限责任公司形式设立,故选项A表述错误;合伙型基金不具有独立的法人地位,故选项B表述错误;普通合伙人具备独立的经营管理权力,有限合伙人虽然负责监督普通合伙人,但是不直接干涉或参与私募股权投资项目的经营管理,故选项C表述错误。

60. C 【解析】跟踪误差是相对于业绩比较基准的相对风险指标,故选项A说法正确;跟踪误差计量的前提是清晰的业绩比较基准,故选项B说法正确;指数基金的跟踪误差通常较低,故选项C说法错误;跟踪误差可以用来衡量投资组合的相对风险是否符合预定的目标或是否在正常范围内,故选项D说法正确。

61. C 【解析】在不同货币市场上具有借款比较优势的双方进行货币互换,故选项A表述错误;货币互换中双方要以不同货币支付利息及本金,所以在每一个阶段双方都要以不同货币支付现金给对方,而不是只有一方支付现金给一方,故选项B

表述错误;互换双方通过发挥各自的比较优势并进行互换可以达到双方均降低融资成本的目的,这就是互换利益,互换利益是双方合作的结果,由双方共同分享,但其具体分享比例由双方谈判决定,未必平均分派,故选项D表述错误。

62. A 【解析】根据《合格境内机构投资者境外证券投资管理试行办法》的有关规定,基金托管人在履行职责时应确保基金的份额净值按照有关法律法规、基金合同和集合资产管理合同规定的方法进行计算。在实践中,基金管理公司是QDII基金的会计核算和资产估值的责任主体,托管人负有复核责任。

63. C 【解析】个人投资者的投资相关的知识和经验较少,专业投资能力不足,不如机构投资者。

64. B 【解析】衡量债券基金流动性风险的指标包括持仓集中度、流动受限资产比例、现金比例、短期可变现资产比例、区间可变现资产比例、可流通股票资产变现天数等。

65. B 【解析】封闭式基金每周披露一次基金份额净值。

66. A 【解析】A方案在第3年年末的终值:100×[(1+10%)³+(1+10%)²+(1+10%)] = 364.1(元),B方案在第3年年末的终值:100×[(1+10%)²+(1+10%)+1] = 331(元),二者的终值相差:364.1-331 = 33.1(元)。

67. C 【解析】由于自律组织对市场运作和行为的了解更为深入,专业水平更高,可能对市场变化的反应比政府机构更快、更灵活。

68. D 【解析】根据投资范围和投资目标选取基准指数,可以是全市场指数、风格指数,也可以是由不同指数复合而成的复合指数。如果一个基金的目标是投资特定市场或特定行业,就可以选取该市场或行业指数,如以创业板指数或医药生物行业指数作为业绩比较基准。此外,也可以选取几个指数的组合作为一个基金的业绩比较基准。

69. B 【解析】根据自律管理的要求,证券登记结算机构采取以下措施保证业务的正常运行:①制定完善的风险防范机制和内部控制制度;②建立完善的技术系统,制定出结算参与人共同遵守的技术标准和规范;③建立完善的结算参与人准入标准和风险评估体系;④对结算数据和技术系统进行备份,制定业务紧急应变程序和操作流程。

70. B 【解析】卢森堡的监管机构与政府均以极高效率,以金融创新及对新法律法规的快速适应而闻名。卢森堡是欧洲一个推行UCITS指令的国家,是目前全球最大的UCITS基金注册地。

71. C 【解析】选项A、B、C、D均为大宗商品的投资方式。其中,投资大宗商品衍生工具,即对单一商品或商品价格指数的衍生产品合约形式进行投资,是大多数大宗商品投资者常用的投资方式,大宗商品衍生工具包括远期合约、期货合约、期权合约和互换合约等。

72. D 【解析】基金收入包括利息收入、投资收益、公允价值变动损益和其他收入。其中,利息收入包括存款利息收入、债券利息收入、资产支持证券利息收入和买入返售金融资产收入,投

资收益包括股票投资收益、债券投资收益、资产支持证券投资收益、衍生工具收益和股利收益。

73. B 【解析】信息比率是单位跟踪误差所对应的超额收益。信息比率越大,说明该基金在同样的跟踪误差水平上能获得更大的超额收益,或者在同样的超额收益水平下跟踪误差更小。

74. B 【解析】对于长期投资者而言,应该关注的是实际收益率,因为实际收益率能够反映资产的实际购买能力的增长率,而名义收益率仅仅反映了资产名义数值的增长率,故选项A、C表述错误,选项B表述正确;收益率存在名义收益率与实际收益率之别,实际收益率在名义收益率的基础上扣除了通货膨胀率的影响,故选项D表述错误。

75. A 【解析】现金分红方式是指根据基金利润情况,基金管理人以投资者持有基金单位数量的多少,将利润分配给投资者。这是基金分配最普遍的形式。

76. C 【解析】个人投资者从封闭式基金分配中获得的企业债券差价收入,按现行税法规定,应对个人投资者征收个人所得税。

77. C 【解析】若不考虑无风险资产,由风险资产构成的有效前沿在标准差-预期收益率平面中的形状为双曲线上半支。当引入无风险资产后,有效前沿就变成了射线。这条射线从纵轴上无风险利率 R_f 处向上延伸,与原有效前沿曲线相切于点 M,它包含了所有风险资产投资组合 M 与无风险资产的组合。这条射线即是资本市场线。

78. D 【解析】考虑风险调整的基金业绩评估方法包括:①夏普比率;②特雷诺比率;③詹森 $α$;④信息比率与跟踪误差。

79. D 【解析】止损指令与限价指令类似,也是当证券价格达到目标价格时开始执行交易,但止损指令的目的是为了将损失控制在投资者可接受的范围内,故选项A表述错误;如果投资者希望以即时的市场价格进行证券交易,会下达市价指令,故选项B表述错误;市价指令让投资者暴露于价格变化的风险中,故选项C表述错误。

80. C 【解析】《货币市场基金监督管理办法》规定:当日申购的基金份额自下一个交易日起享有基金的分配权益,当日赎回的基金份额自下一个交易日起不享有基金的分配权益。具体而言,货币市场基金每周五进行分配时,将同时分配周六和周日的利润。投资者于周五赎回或转换转出的基金份额享有周五、周六、周日的利润。

81. B 【解析】资本结构是指企业资本总额中各种资本的构成比例。最基本的资本结构是债权资本和权益资本的比例,通常用债股权比率或资产负债率表示。

82. C 【解析】利率衍生工具是指利率或利率的载体为合约标的的资产的金融衍生工具,主要包括远期利率合约、利率期货合约、利率期权合约、利率互换合约以及上述各种的混合交易合约。选项C属于信用衍生工具。

83. A 【解析】根据零息债券估值法,当零息债券期限小于1年,贴现公式为 $V = M(1 - tr/360)$,式中:V 表示贴现债券的内在价

值;M 表示面值;r 表示市场利率;t 表示债券到期的时间。可得:$99.2556 = 100(1 - 180r/360)$,计算得 $r/2 ≈ 0.7444\%$,则6个月的利率为 0.7444%,答案选 A。

84. D 【解析】到期收益率,又称内部收益率,是可以使债券购买债券获得的未来现金流的现值等于债券当前市价的贴现率。它相当于投资者按照当前市场价格购买并且一直持有至到期可获得的年平均收益率。

85. C 【解析】根据市场条件的不同,通常有3种指数复制方法,即完全复制、抽样复制和优化复制。3种复制方法所使用的样本股票的数量依次递减,但是跟踪误差通常依次增加。根据抽样方法的不同,抽样复制又可以分为市值优先、分层抽样等方法。

86. D 【解析】机构投资者买卖基金的税收包括:①增值税,金融机构(包括银行和非银行金融机构)买卖基金份额的差价收入征收增值税,非金融机构买卖基金份额的差价收入不征收增值税;②印花税,机构投资者买卖基金份额暂免征收印花税;③所得税,机构投资者从基金分配中获得的收入,暂不征收企业所得税。

87. D 【解析】在资本资产定价模型下,计算公式为:$E(r_i) = r_f + [E(r_M) - r_f]β$,可知,$16\% = r_f + 2 × (12\% - r_f)$,解得 $r_f = 8\%$。(r_f 为无风险收益率)。

88. D 【解析】2017年7月3日,"北向通"正式启动。

89. D 【解析】第 n 期期末终值的计算公式为:①复利,$FV = PV(1 + i)^n$;②单利,$FV = PV(1 + i × t)$。从这两个公式中可以看出,终值与计息方法、现值的大小和利率相关,而与市场价格无关。

90. A 【解析】通常可以用贝塔系数($β$)的大小衡量一只股票基金面临的市场风险的大小。如果某基金的贝塔系数大于1,说明该基金是一只活跃或激进型基金;如果某基金的贝塔系数小于1,说明该基金是一只稳定或防御型的基金。

91. C 【解析】指令驱动的成交原则如下:①价格优先原则;②时间优先原则。在某些特定情况下,还有其他优先原则可以遵循,如成交量最大原则等。

92. B 【解析】我国证券交易所是在权益登记日(B股为最后交易日)的次一交易日对该证券作除权、除息处理。

93. A 【解析】我国证券交易所向投资者收取证券交易经手费、监管费和印花税。选项A是证券交易结束后需要支付给证券登记结算机构的费用。

94. A 【解析】交易佣金 = 200 × 1.5 × 0.25% = 0.75(元),但是按照沪、深证券所公布的收费标准,我国基金交易佣金起点5元,不足5元的按5元收取。选да A。

95. C 【解析】利润表由3个主要部分构成:①营业收入;②与营业收入相关的生产性费用、销售费用和其他费用;③利润。利润表的基本结构是:收入 - (成本 + 费用) = 利润(或盈余)。

96. D 【解析】D项,样本标准差的计算公式应为:
$$s = \sqrt{\frac{1}{n-1} \sum_{i=1}^{n}(r_i - \bar{r})^2}$$

97. C 【解析】根据市盈率的计算公式,可得:市盈率 = 每股

79. B 【解析】私募股权投资基金通常分为：①合伙制；②公司制；③信托制。

80. C 【解析】根据"相对强度"理论，投资者应购买并持有近期走势明显强于大盘指数的股票，也就是说要购买强势股。

81. D 【解析】证券和资金结算实行分级结算原则，即证券登记结算机构负责证券登记结算机构与结算参与人之间的集中清算交收，结算参与人负责办理结算参与人与其客户之间的清算交收。

82. C 【解析】合格投资者在取得证监会资格许可后，可通过备案的形式，获取不超过其资产规模或管理的证券资产规模一定比例（简称基础额度）的投资额度；超过基础额度的投资额度申请，须经国家外汇管理局批准。

83. D 【解析】现金流量表不是以权责发生制为基础编制的，而是根据收付实现制（即实际现金流入和现金流出）为基础编制的，故选项A说法错误。

84. B 【解析】远期利率指的是资金的远期价格，它是指隐含在给定的即期利率中从未来的某一时点到另一时点的利率水平。故选项A、C说法错误，选项B说法正确。远期利率和即期利率的区别在于计息日起点不同，故选项D说法错误。

85. D 【解析】市场参与者中，任何一只基金的远期交易买入总余额不得超过其基金资产净值的100%。

86. A 【解析】目前，我国开放式基金于每个交易日估值，并于次日公告基金份额净值。封闭式基金每周披露一次基金份额净值，但每个交易日也进行估值。

87. C 【解析】基金估值工作小组在充分征求行业意见并向中国证监会报备后，对没有活跃市场或在活跃市场不存在相同特征的资产或负债报价的投资品种提出估值指引。

88. D 【解析】对基金从上市公司分配取得的股息红利所得，且持股期限在1个月以上至1年的，扣缴义务人在代扣代缴个人所得税时，暂减按50%计算应纳税所得额。

89. B 【解析】速动比率=(流动资产-存货)/流动负债，原定一笔银行存款偿付应付账款，先决定延缓偿付，而将这笔存款支付了新购入的存货。这句话的意思是：存货增加，分子减少，流动负债增加，分母增加，所以速度比率减少。

90. B 【解析】估值方法的一致性是指基金在进行资产估值时应采取同样的估值方法，遵守同样的估值规则。

91. B 【解析】2016年12月5日，深港通下的股票正式开始交易，港股市场与内地市场互联互通再度升级。

92. B 【解析】所谓"自发性协助"，是指一方主管机构未经他方主管机构的请求，将其所获得有关他方主管机构的信息，主动提供给他方主管机构。

93. D 【解析】反映投资组合市场风险的指标有基于收益率方差的风险指标，如波动率、回撤、下行风险标准差等；投资价值对风险因子敏感程度的指标，如β系数、久期、凸性等。

94. A 【解析】利润表上半部分反映经营活动，下半部分反映非经营活动，其分界点为营业利润。

95. D 【解析】技术分析的3项假定：①市场行为涵盖一切信息；②技术分析的另一条准则是股价具有趋势性运动规律；③历史会重演。

96. B 【解析】经济附加值指标克服了传统业绩衡量指标的缺陷（股东价值与市场价值不一致问题），比较准确地反映了上市公司在一定时期内为股东创造的价值。

97. C 【解析】相关系数总处于-1到+1之间，故选项A说法错误；相关系数的绝对值大小体现两个证券收益率之间相关性的强弱，故选项B说法错误；当两个证券收益率的相关系数为0时，我们称这两者零相关，故选项D说法错误。

98. D 【解析】由题意可知，其对应的基金资产为$1.2 \times 5000 = 6000$（元）。对该基金按1:2的比例进行拆分操作后，基金净值变为0.6元($1.2 \times 1/2$)，而投资者持有的基金份额由原来的5000份变为$5000 \times 2 = 10000$（份），其对应的基金资产仍为$0.6 \times 10000 = 6000$（元），资产规模不发生变化。

99. B 【解析】基金管理人是基金估值的第一责任主体。

100. A 【解析】申请合格境外投资者资格，应当具备下列条件：①申请人的财务稳健，资信良好，达到中国证监会规定的资产规模等条件。对资产管理机构（即基金管理公司）而言，其经营资产管理业务应在2年以上，最近一个会计年度管理的证券资产不少于5亿美元；对保险公司而言，成立2年以上，最近一个会计年度持有的证券资产不少于5亿美元；对证券公司而言，经营证券业务5年以上，净资产不少于5亿美元，最近一个会计年度管理的证券资产不少于50亿美元；对商业银行而言，经营银行业务10年以上，一级资本不少于3亿美元，最近一个会计年度管理的证券资产不少于50亿美元；对其他机构投资者（养老基金、慈善基金会、捐赠基金、信托公司、政府投资管理公司等）而言，成立2年以上，最近一个会计年度管理或持有的证券资产不少于5亿美元。②申请人的从业人员符合所在国家或者地区的有关从业资格的要求。③申请人有健全的治理结构和完善的内控制度，经营行为规范，近3年未受到监管机构的重大处罚。④申请人所在国家或者地区有完善的法律和监管制度，其证券监管机构已与中国证监会签订监管合作谅解备忘录，并保持着有效的监管合作关系。⑤中国证监会根据审慎监管原则规定的其他条件。选项A应改为近3年。

《证券投资基金基础知识》真题试卷（五）参考答案及解析

1. A 【解析】AIFMD规定私募股权投资基金收购公司2年内不允许通过分红、减持、赎回等形式进行资产转让，进而阻止它们为短期持有资产而进行收购活动。

2. C 【解析】一支UCITS基金投资于同一机构发行的货币市场工具、银行存款或OTC衍生产品的资产总值不能超过基金资产的20%。

3. D 【解析】除了基金管理公司和证券公司外，商业银行和其他金融机构也可以发行代客境外理财产品。

4. B 【解析】经合组织在2005年发表了《集合投资计划治理白皮书》，提出该组织对新时期投资基金治理及监管的原则性建议。

5. A 【解析】本题题干为相关性的阐述，说法正确。

6. C 【解析】投资债券的风险可以划分为6大类：①信用风险；②利率风险；③通胀风险；④流动性风险；⑤再投资风险；⑥提前赎回风险。

7. A 【解析】人民币合格境外机构投资者，简称为RQFII。

8. C 【解析】股票可以依法自由地进行交易，体现了股票流动性的特征。

9. D 【解析】短期融资券由商业银行承销并采用无担保的方式发行（信用发行），通过市场招标确定发行利率。

10. B 【解析】一般票据的贴现不超过6个月，贴现期从贴现日起计算至票据到期日。

11. A 【解析】研究和发现股票的内在价值，并将其与市场价格比较，进而决定投资策略是证券分析师的主要任务。

12. C 【解析】标准普尔500指数是由标准普尔公司1957年开始编制的。

13. D 【解析】所有的投资者可以无限分割，投资数量随意。故选项D说法错误。

14. C 【解析】融资融券对于投资者的要求较高，目前大部分证券公司要求普通投资者开户时间须达到18个月，且持有资金不得低于50万元人民币。

15. A 【解析】该基金在这段时间内的时间加权收益率为$|(1.8976 \times 1.7886) \div [1.4848 \times (1.8976 - 0.275)] - 1| \times 100\% = 40.87\%$。

16. C 【解析】市销率反映的是单位销售收入反映的股价水平。

17. D 【解析】市销率=股票市价÷销售收入。

18. B 【解析】短期融资券是境内具有法人资格的非金融企业发行的，仅在银行间债券市场上流通的短期工具。

19. B 【解析】政府债券是按照发行主体对债券的分类。

20. C 【解析】欧式期权指期权的买方只有在期权到期日才能执行期权，既不能提前也不能推迟。

21. B 【解析】当货币市场基金前10名份额持有人的持有份额合计超过基金总份额的50%时，货币市场基金投资组合的平均剩余期限不得超过60天，平均剩余存续期不得超过120天。

22. C 【解析】发生的基金运作费影响基金份额净值小数点后第4位，应采用四舍五入或待摊的方法计入基金损益。

23. D 【解析】UCITS指令的管辖下，东道国可以在基金销售和信息披露方面行使管辖权。

24. C 【解析】选项A、B、D属于QDII基金不得从事的行为。

25. A 【解析】股票的票面价值又称面值，即在股票票面上标明的金额。

26. A 【解析】该国债的内在价值=$100 \times (1 - 90 \div 360 \times 3.82\%) = 99.045$（元）。

27. D 【解析】期货市场的交易制度有：①保证金制度；②盯市制度；③交割制度；④对冲平仓制度。

28. B 【解析】本题比较主动策略和被动策略，题干说法正确。

29. A 【解析】股价指数编制方法有：①完全复制；②抽样复制；③优化复制。

30. A 【解析】经营风险不属于市场风险。

31. B 【解析】常用来反映股票基金风险的指标有标准差、β系数、持股集中度、行业投资集中度、持股数量等。

32. A 【解析】指数基金所投资的标的指数成分股一般不能低于基金净资产的90%。

33. C 【解析】跨境投资风险主要分为政治风险、汇率风险、税收风险、投资研究风险、交易和估值风险、合规风险6个部分。

34. B 【解析】基金业绩评价需考虑的因素有：①基金管理规模；②时间区间；③风险和收益。不包含成立时间。

35. C 【解析】在最小方差前沿最左边的拐点处有一条与纵轴平行的直线与最小方差前沿相切，只有一个交点，这个切点叫作全局最小方差组合。全局最小方差组合是所有资产组合中风险最小的组合，因为它在最左边，这一点就是上半部分与下半部分的分界点。

36. C 【解析】在深交所，B股的结算称为"结算登记费"，是成交金额的0.5‰，但最高不超过500港元。

37. C 【解析】"相对强度"理论认为投资者应购买并持有近期走势明显强于大盘指数的股票。

38. A 【解析】上交所证券交易的收盘价为当日该证券最后一笔交易前1分钟所有交易的成交量加权平均价（含最后一笔交易）。

39. D 【解析】本期已实现收益是基金本期利息收入、投资收益、其他收入（不含公允价值变动损益）扣除相关费用后的余额。

40. B 【解析】本期利润是基金在一定时期内全部损益的总和。

41. B 【解析】转换比率=债券面额÷转换价格=1000÷25=40。

42. D 【解析】题干所述为提前赎回风险的概念。

43. C 【解析】题干所述为证券价格指数的概念。

44. B 【解析】贝塔系数是评估证券或投资组合系统性风险的指标，反映的是投资对象对市场变化的敏感度。

45. B 【解析】无差异曲线具有以下特点：①风险厌恶的投资者的无差异曲线是从左下方向右上方向倾斜的；②同一条无差异曲线上的所有点向投资者提供了相同的效用；③对于给定风险厌恶系数A的投资者来说，可以画出无数条无差异曲线，且这些曲线不会交叉；④当向较高的无差异曲线移动时，投资者的效用增加；⑤风险厌恶程度高的投资者和风险程度低的投资者相比，其无差异曲线更陡,因为随着风险增加,其要求的风险溢价更高。

46. D 【解析】针对债券信用风险,主要监控指标有:基金所持债券的平均信用等级、各信用等级债的占比以及单个债券或发行人特定的信用风险。针对交易对手的信用风险,常见监控指标和管理方式有:定期评估交易对手的信用资质,控制交易对手集中度和组合流动性、交易对手限额管理以及根据组合实际情况合理配置资产的投资期限和比例等。

47. C 【解析】我国基金资产估值的责任人是基金管理人,但基金托管人对基金管理人的估值结果负有复核责任。

48. A 【解析】我国开放式基金每交易日估值,并于次日公告基金份额净值。

49. B 【解析】我国基金的管理费、托管费、销售服务费前一日基金资产净值的一定比例逐日计提,按月支付。

50. C 【解析】投资者于周五申购或转换转入的基金份额不享有周五和周六、周日的利润,投资者于周五赎回或转换转出的基金份额享有周五和周六、周日的利润。

51. A 【解析】个人投资者从封闭式基金分配中获得的债券差价收入,按现行税法规定,应对个人投资者征收个人所得税。

52. B 【解析】正态分布距离均值越近的地方数值越集中,而在离均值较远的地方数值则很稀疏。

53. B 【解析】避险策略基金投资于稳健资产不得低于基金资产净值的80%,以获取稳定收益,尽力避免到期时投资本金出现亏损。

54. B 【解析】基金持有的金融资产和承担金融负债通常归类为以公允价值计量且其变动计入当期损益的金融资产和金融负债。

55. B 【解析】国债是财政部代表中央政府发行的债券;地方政府债包括由中央财政代理发行和地方政府自主发行的由地方政府负责偿还的债券。

56. C 【解析】开放式基金还要对基金份额的申购与赎回情况、转入与转出情况以及基金份额拆分进行会计核算。

57. A 【解析】根据财政部、国家税务总局的规定,从2008年9月19日起,基金卖出股票时按照1‰的税率征收证券(股票)交易印花税,而对买入交易不再征收印花税。

58. C 【解析】境外投资顾问应当符合经营投资管理业务达5年以上,最近一个会计年度管理的证券资产不少于100亿美元或等值货币。

59. A 【解析】资产负债表称为企业的"第一会计报表"。

60. C 【解析】跟踪误差产生的原因有复制误差、现金留存、各项费用、其他影响。分红因素和交易证券时的冲击成本也会对跟踪误差产生影响。

61. C 【解析】基金业绩评价应遵循的原则包括:客观性原则、可比性原则、长期性原则。

62. C 【解析】外资商业银行境内分行在境内持续经营3年以上,可申请为托管人,其实收资本数额条件按照境外总行的计算。

63. C 【解析】选项A,对内地企业投资者通过基金互认买卖香港基金份额取得的转让差价所得,计入其收入总额,依法征收企业所得税;选项B,对内地企业投资者通过基金互认从香港基金分配取得的收益,计入其收入总额,依法征收企业所得税;选项C,个人投资者从公开发行和转让市场取得的上市公司股票,持股超过1年的,股票红利所得暂免征收个人所得税;选项D,内地个人投资者通过基金互认从香港基金分配取得的收益,由该香港基金在内地的代理人按照20%的税率代扣缴个人所得税。

64. B 【解析】关于UCITS基金的申购与赎回价格,规定应至少一个月公布两次。如不损害持有人利益,监管机关可以允许一个月公布一次。

65. A 【解析】分位数通常用来研究随机变量X以特定概率(或者一组数据以特定比例)取得大于等于(或小于等于)某个值的情况。

66. B 【解析】方差越大,表示收益率r偏离期望收益率的程度越大,反之亦然。

67. C 【解析】对证券投资基金从证券市场中取得的收入,包括股权的股息、红利收入,买卖股票、债券的差价收入,债券的利息收入及其他收入,暂不征收企业所得税。对基金取得的股利、红利,债券的利息收入,储蓄存款利息收入,由上市公司、发行债券的企业和银行在向基金支付上述收入时代扣代缴20%的个人所得税。

68. D 【解析】税前利润 = 67/(1 − 33%) = 100(万元),利息倍数 = (税前利润 + 利息费用)/利息费用 = (100 + 50)/50 = 3。

69. A 【解析】现金流量表是以收付实现制为编制基础,反映企业在一定时期内现金收入和现金支出情况的报表。

70. B 【解析】由题目中所述流动比率下降而速动比率上升和速动比率 = 速动资产/流动负债 = (流动资产 − 存货)/流动负债 = 流动比率 − 存货/流动负债可知,当年存货增加,可能会导致流动比率增加,故选项A错误。当年存货减少可能是计提了存货跌价准备,流动负债不变情况下,流动比率下降,而存货的减少也可能是由于销售增加了,从而会导致速动资产的增加,这样就会导致速动比率增加。所以存货减少是会导致流动比率下降而速动比率上升的,故选项B正确。应收账款的回收速度加快影响的是速动资产中的货币资金和应收账款的此彼消长,流动比率和速动比率都不会发生变动,故选项C错误。现销增加、赊销减少,也是影响速动资产内部的项目,速动比率和流动比率一般也不会发生变动,故选项D错误。

71. B 【解析】证券登记结算机构作为共同对手方提供多边净额结算服务时,证券登记结算机构负责与结算参与人之间的集中清算交收;结算参与人负责与客户之间的清算交收;不作为共同对手方提供结算服务时,由证券登记结算机构根据结算参与机构委托,代为完成结算参与机构之间的证券和资金的清算交收;结算参与机构负责办理结算参与人之间的证券和资金的清算交收。

72. B 【解析】利润表是动态报表。

73. B 【解析】基金管理公司是证券投资基金会计核算的责任主体,对所管理的基金应当以每只基金为会计核算主体,独立建账、独立核算,保证不同基金在名册登记、资金划拨、账户设置、账簿记录等方面相互独立。

74. B 【解析】基金期末可供分配利润是指期末可供基金进行利润分配的金额,为期末资产负债表中未分配利润与未分配利润中已实现部分的孰低数。

75. A 【解析】从及时性原则出发,基金会计期间划分必须细化,即以周甚至日为核算披露期间。目前,我国的基金会计核算均已细化到日。

76. C 【解析】资产负债率 = 负债/资产,选项A、B、D会导致资产总额不变,负债总额也不变,故资产负债率不变。选项C会引起资产和股东权益同时增加,负债占总资产的相对比例减少,即资产负债率下降。

77. B 【解析】存货周转天数 = 365天/存货周转率,故存货周转率 = 365/50 = 7.3。

78. B 【解析】当估值或资产净值计价错误达到或超过基金资产净值的0.25%时,基金管理人应及时向中国证监会报告。

79. D 【解析】由题意可知,年均应收账款 = (18000 + 16000)/2 = 17000(元),应收账款周转率 = 销售收入/年均应收账款 = 315000/17000 = 18.5,则应收账款周转天数 = 365天/应收账款周转率 = 365/18.5 = 19.7≈20(天)。

80. B 【解析】如果投资者的报价无法完成交易,这时做市商就会发挥"做市"的职能,用自有资金或证券促成交易,在维持证券价格稳定的同时保持市场流动性。

81. D 【解析】对于优先股交易的登记过户费,上海市场和深圳市场均按照普通股下调20%(即0.016‰)向买卖双方投资者分别收取。

82. A 【解析】由流动比率 = 流动资产/流动负债和营运资金 = 流动资产 − 流动负债可知,当购买原材料时,流动资产和流动负债都增加,营运资金不变,流动比率增加。

83. C 【解析】AIFMD自2013年7月22日起开始实施。

84. C 【解析】货币市场基金投资于主体信用评级低于AAA的机构发行的金融工具占基金资产净值的比例合计不得超过10%,其中单一机构发行的金融工具占基金资产净值的比例不得超过2%。

85. A 【解析】基金向券商支付交易佣金,还要支付过户费、经手费、证管费、印花税等交易成本。

86. B 【解析】防范债券回购风险的措施:①建立健全逆回购交易质押品管理制度,根据质押品资质审慎确定质押率水平;②质押品按公允价值足额,并持续监测质押品的风险状况与价值变动;③在进行逆回购交易时,严格规范可接受质押品的资质。

87. C 【解析】可转债投资的风险有:①股价波动的风险;②利息损失风险;③提前赎回风险;④转换风险。

88. B 【解析】影响基金流动性风险的主要因素有金融市场整体的流动性、证券市场的走势、基金公司流动性管理流程和措施、基金类型以及基金持有人结构与行为特征等。利率水平影响市场风险。

89. C 【解析】财务会计报告分为年度、半年度、季度和月度财务会计报告。

90. D 【解析】基金财务会计报告分析与普通企业的财务会计报告分析的内容有很大的不同。

91. C 【解析】基金资产估值是指通过对基金所拥有的全部资产及全部负债按一定的原则和方法进行估算,进而确定基金资产公允价值的过程。

92. C 【解析】资本资产定价模型认为只有证券或证券组合的系统性风险才能获得收益补偿,其非系统性风险将得不到收益补偿。按照该逻辑,投资者要想获得更高的报酬,必须承担更高的系统性风险;承担额外的非系统性风险将不会给投资者带来收益。

93. B 【解析】基金管理公司的境外机构可以采取分公司、办事处、子公司及中国证监会允许的其他形式。

94. C 【解析】投资公司、管理人或托管人不得代表基金贷款或作担保人。

95. B 【解析】欧盟监管机构将会把任何行政处罚公开在其官方网页上,并维持至少5年。

96. C 【解析】2010年年底,银行间市场交易商协会宣布正式启动短期融资业务,进一步丰富了短期融资券的期限结构。

97. A 【解析】在无保证债券中,受偿等级最高的是优先无保证债券,这也是公司债的主要形式。接下来依次是优先次级债券、次级债券、劣后次级债券,这些等级的债券在清偿时仅有少量补偿甚至没有。

98. C 【解析】2014年4月10日,中国证监会正式批复上海证券交易所和香港联合交易所开展沪港股票交易互联互通机制试点,简称沪港通。沪港通分为沪股通和港股通两个部分。沪港通的双向交易均以人民币作为结算单位,这在一定程度上促进了人民币的交易量与流转量增加,为人民币国际化打下坚实的基础。

99. B 【解析】对于申请QDII的基金管理公司而言,净资产不少于2亿元人民币,经营证券投资基金管理业务达2年以上,在最近一个季度末资产管理规模不少于200亿元人民币或等值外汇资产。

100. C 【解析】国际证监会组织认为,基金业行业自律组织的监管,是对政府监管的有益补充。

《证券投资基金基础知识》真题试卷(六)参考答案及解析

1. C 【解析】期货合约通常用保证金交易,因此有明显的杠杆,而远期合约通常没有杠杆效应,故选项C表述错误。

2. D 【解析】美式权证可在权证失效日之前任何交易日行权。